連邦国家ベルギー

繰り返される分裂危機

松尾秀哉

吉田書店

連邦国家　ベルギー
繰り返される分裂危機

目　次

ベルギー王国　基礎データ　vii
主要政党名等略記一覧　viii

はじめに　なぜベルギーか ……………………………………… 1

　1　「ヨーロッパの十字路」から「ヨーロッパの縮図」へ　1
　2　「ヨーロッパの縮図」ベルギーの連邦化　3
　3　「ヨーロッパの縮図」の分裂危機　5
　4　なぜベルギー危機か――欧州危機の縮図　6
　5　なぜ分裂しなかったのか　8
　6　本書の構成　9

第1章　連邦国家ベルギーの輪郭 ……………………………… 13

　1　ベルギーの連邦制度　15
　2　連邦制導入の道程　18
　　（1）独立まで――フランス語主導の国家形成の背景　18
　　（2）独立から第二次世界大戦まで
　　　　――柱の形成とフランデレン運動　19
　　（3）第二次世界大戦後の言語問題
　　　　――経済的地位の逆転から連邦制へ　22
　3　分裂危機　26
　　（1）既成政党のパフォーマンスの低下　26
　　（2）フランデレンとワロンの経済格差　27
　　（3）BHV問題　31
　　（4）分裂危機へ　35
　　（5）問題設定　36
　4　ベルギーの政治制度の特徴　37
　　（1）ベルギーの政治制度――政権交渉の慣例　37
　　（2）ベルギーの選挙制度　40
　　（3）政党システムの破片化の程度　40
　5　主要政党　41
　　（1）カトリック政党――巨大化と派閥化　41

(2) 他の政党――社会党と自由党　48
　(3) ベルギーの地域主義政党の系譜　50
　　人民同盟　50／フラームス・ブロックからフラームス・ベラング へ　52／そして新フランデレン同盟へ　54

第2章　どのように交渉過程を分析するか … 57

1　先行研究の検討　59
　(1) 「連邦制の効果」に注目する研究　59
　(2) 連邦制の逆説　62
　(3) ベルギー分裂危機を扱う研究　67
2　分析枠組みの検討　72
　(1) 連邦制と政党システムの多層化　72
　(2) 制度が政権交渉アクターに与える影響
　　　――対立と追従のロジック　76

第3章　1990年代のベルギーの政治 … 83

1　冷戦終結後の新政党の台頭　85
2　ベルギー政治社会の動揺と政治不信　88
3　自由党の党改革　90
4　カトリック政党の党改革　93
5　改革のインパクト――野党転落　101
6　野党転落後――地域主義者と連携するカトリック政党　103
7　小括――ベルギー社会の不安定化と主要政党の地域主義化　110

第4章　2007年分裂危機 … 113

1　2007年分裂危機　115
　(1) 2007年6月選挙結果　115
　(2) 交渉過程　117
　　第1ラウンド　117／検討期　120／第2ラウンド　122

2 考察　123
　　(1) 交渉過程からみた長期化の要因　123
　　(2) 連邦化と 2007 年政権交渉　125

第5章　2010 年政治危機 ………………………………… 129

　1 2010 年分裂危機　131
　　(1) 2010 年 6 月選挙結果　131
　　(2) 交渉過程　132
　　　　第1ラウンド　134／第2ラウンド　137／第3ラウンド　139
　　　　／政権成立まで　142
　2 考察　143
　　(1) 交渉過程からみた長期化の要因　143
　　(2) 合意の要因　145
　　(3) 連邦制と 2010 年連立交渉　148

考察と結論 ……………………………………………………… 153

　1 結論──分裂危機はなぜか　153
　　(1) 1990 年代のアクターの変容　153
　　(2) 連邦制の効果　156
　2 その後のベルギー──柱の自己破壊か，再生産か　158
　　(1) 地域主義政党の組織化　160
　　(2) エスニック集団取り込みの可能性　165
　3 エピローグ──2014 年 5 月選挙の衝撃　多層化国家の
　　　さらなる混迷？　167

あとがき　175
参考文献　185
人名索引　208
事項索引　210

各章トビラに掲載した写真は、特記したものを除き、パブリックドメイン下であることを確認している。

ベルギー王国　基礎データ

① 西フランデレン
② 東フランデレン
③ アントウェルペン
④ リンブルフ
⑤ フラームス・ブラバント
⑥ ワロン・ブラバン
⑦ エノー
⑧ ナミュール
⑨ リエージュ
⑩ リュクサンブール

政体：立憲君主制
元首：フィリップ1世（2013年7月21日即位）
面積：30,528平方キロメートル（日本の12分の1）
公用語：オランダ語，フランス語，ドイツ語
首都：ブリュッセル
宗教：カトリックが主
一人当たり GDP：43,175.35 ドル（2012年 IMF 予測値）
　　　　　　　　　（日本は 46,530.38 ドル）
経済成長率：0.037％（同上）（日本は 1.9％）
失業率：7.385％（同上）（日本は 4.03％）

※地図は，小川秀樹編著『ベルギーを知るための52章』（明石書店）、松尾秀哉『物語　ベルギーの歴史』（中公新書）をもとに作成

主要政党名等略記一覧

ACW	Algemeen Christelijk Werknemersverbond. キリスト教労働総組合
CDH	Centre démocrate humaniste. 人道的民主センター（ワロン・カトリック党）
CDV	Christen-Democratisch en Vlaams. キリスト教民主フランデレン党（フランデレン・カトリック党）
CVP	Christelijke Volkspartij. キリスト教人民党（フランデレン・カトリック党）
CVP/PSC	Christelijke Volkspartij / Parti Social Chrétien. キリスト教人民党／キリスト教社会党
LDD	List Dedecker. デデッケルのリスト（現在は Libertair, Direct, Democratisch.）
MR	Mouvement Réformateur. 改革運動（ワロン自由党）
N-VA	Nieuw-Vlaamse Alliantie. 新フランデレン同盟
OpenVLD	Open Vlaamse Liberalen en Democraten. 開かれたフランデレン自由民主党（フランデレン自由党）
PS	Parti Socialiste. 社会党（ワロン社会党）
PSC	Parti Social Chrétien. キリスト教社会党（ワロン・カトリック党）
PVDA/PTB	Partij van de Arbeid van België. / Parti du Travail de Belgique. ベルギー労働者党
SP	Socialistische Partij. 社会党（フランデレン社会党）
SP.a	Socialistische Partij Anders. もうひとつの社会党（フランデレン社会党）
VB	Vlaams Blok.（フラームス・ブロック）ないし Vlaams Belamg.（フラームス・ベラング）
VLD	Vlaamse Liberalen en Democraten. フランデレン自由民主党
VOKA	Vlaams netwerk van ondernemingen. フランデレン自営業者ネットワーク
VU	Volksunie. 人民同盟

なお，ベルギーでは，1960年代以降，政党の分裂が進み，現在ではあらゆるイデオロギーの政党がフランデレンとワロンの地域政党に二分されている。以上のような正式な表記名では地域，イデオロギーがわかりくいため，読みやすさを考慮して，本書ではフランデレン自由党，ワロン自由党，フランデレン・カトリック党，ワロン・カトリック党，フランデレン社会党，ワロン社会党といった略記を採ることがある。

はじめに　なぜベルギーか

1　「ヨーロッパの十字路」から「ヨーロッパの縮図」へ

　ベルギーは，面積がわが国の関東地方程度で，人口は約1100万人（執筆時）。つまり東京都と同じくらいの人口の小国である。大西洋西岸気候に分類され，冬は寒く，雪も多い。冬の晴れ間に，ベルギーの人びとは，ゆっくりと日光の当たる場所で暖をとる。わが国では，歴史通には小便小僧のある国として，また食通にはチョコレートや地ビールの国，最近ではワッフルの国として知られているかもしれない。

　地理的にベルギーは，フランスとドイツという両大国にはさまれたところに位置している。このため古くからこの地は「ヨーロッパの十字路」といわれてきた。ベルギーが独立するはるか以前の16世紀から17世紀の頃，この地は，「十字路」という地の利を活かして交易の拠点となり，ヨーロッパでも最も豊かな地域の一つとなった。しかしその利権を求めて，周辺大国がこの地を支配し続けた。ようやく独立を果たしたのは1830年のことである。西欧のなかでは比較的若い国に分類されるだろう。

　また，この地は軍事戦略上の重要な要所でもあった。独立後も，たとえば第二次世界大戦時，ドイツ軍はフランスが仏独国境に築いた要塞線であるマジノ線を避けて，ベルギー南部の山岳地帯であるアルデンヌ地方の森を急襲し，ベルギー，フランスの併合に成功した。大国間の争いの犠牲となったわけであり，これもまた「ヨーロッパの十字路」が背負った性であった。

現在では，首都ブリュッセル南東部には欧州連合（EU）の本部諸機関が置かれている。古き町並みを残すルイーズ広場周辺からシューマン広場に向かって歩いていくと，突然あまりに巨大な，現代風のガラス張りの建物群が見えてくる。欧州委員会などの建物である。このところのウクライナ情勢の変化のなかで，欧州各国首脳は何度もこの場所に集まった。また，欧州連合の加盟国が増えるに従って，これらの現代風建物は次々と増築されている。そのため，今やブリュッセルを「ヨーロッパの首都」と呼ぶ人も多い。

　「ヨーロッパの首都」には様々な国から企業や人が集まる。日本のトヨタ自動車の欧州事業の拠点はベルギーにあり，ブリュッセル南東部には通称「トヨタ村」と呼ばれる日本人街がある。また，現在はドイツのボンに本社を置く，世界最大規模の運送会社 DHL も，以前ブリュッセル国際空港を欧州の拠点としていた。

　企業だけではなく移民も多い。イギリスの大女優オードリー・ヘプバーンが生まれたのもブリュッセルである。かつて思想家マルクスもベルギーに一時滞在した。歴史を遡ると，この地に育ち，オランダ独立戦争時にヨーロッパを奔走して活躍した画家が，ルーベンスである。

　ちなみに，この「ルーベンスの絵を最期に見たい」と言い，ベルギー第二の都市であるアントウェルペンのノートルダム大聖堂前で息を引き取った少年ネロを主役にした物語が，『フランダースの犬』である。日本では 1975 年にアニメでテレビ放映され，それ以来，最終回で神様の御許(みもと)に昇るネロとパトラッシュの姿に涙した人びとが世代を超えて後を絶たず，何度も再放送された。近世から近代にかけてアントウェルペンはヨーロッパ最大の貿易港であっただけではなく，先ほどのルーベンスなどがサロン代わりに集ったプランタン印刷所が栄えるなど，一大文化拠点でもあったが，『フランダー

スの犬』放映後は日本人観光客が多く訪れ，ネロとパトラッシュの銅像も建てられた。

　やはりアニメの世界であるが，最近ハリウッドのスティーヴン・スピルバーグ監督の手によって映画化された，世界中を飛び回る『少年タンタンの冒険』の物語もベルギーで生まれた。ヨーロッパ，そして世界を飛び回る主人公の物語が作られたのも，「ヨーロッパの十字路」の性なのかもしれない。

　今や「ヨーロッパの首都」となったブリュッセルだが，その市民の4人に1人は移民（親が外国人であるものも含む）だと言われている。ブリュッセルやアントウェルペンにはイスラム移民街やユダヤ人街が古くから定着している。しばしば移民と現地の人との間に摩擦があって事件も増えており，大都市圏では移民排斥主義者が台頭している。こうした移民をめぐる状況はヨーロッパの大都市圏に共通した現象だが，さほど大きくもないこの国も同様である。今やベルギーを，欧州統合の進展，グローバル化の進展を体現した「ヨーロッパの縮図」と言うことができるだろう。

2　「ヨーロッパの縮図」ベルギーの連邦化

　このような「ヨーロッパの縮図」ともいうべきベルギーは，前述したとおり，1830年にオランダから独立した。しかし，フランスやオーストリア，スペイン，オランダなど，独立まで長い間，様々な大国に支配されてきたために，既に独立の時点で北方にはフランデレン民族（オランダ語を話す）が，南方にはワロン民族（フランス語を話す）がいた。人口比はおよそ6：4といわれる。また人口の0.5％をドイツ語話者が占めている。つまり，ベルギーは生まれついての多言語国家であった。

建国当初は独立革命を主導し経済的に豊かであったワロンの人びとが国家形成の中心となり，フランス語による国民形成が進んだ。しかし，それに対抗して，独立後まもなくフランデレンの人びとによる，オランダ語の公用語化・権利拡大を要求する運動（フランデレン運動）が激しくなっていった。双方の対立を一般に言語問題という。

　フランデレン運動は止むことなく，ベルギーはそれに応じて，19世紀末以降，オランダ語の公用語化を進めた。さらに第二次世界大戦後，石炭に頼っていたワロン（フランス語）の経済が凋落し，豊かな港を持つフランデレン（オランダ語）の経済が急成長した。その結果，この頃から経済的優位を背景に，オランダ語使用可能地域の拡大など権利拡大を主張するフランデレンと，既得権益に固執するワロンの対立が激しくなり，1960年代のベルギーの政治は言語問題によって動揺した。どちらか一方に有利な言語政策を立てれば，もう片方が反発してデモなどが頻発し，議会で何事も決定できず，政治的に不安定な状態に陥った。

　このような袋小路から脱するため，1970年からベルギーは分権化を進めていく。要するにフランデレン，ワロンそれぞれに一定の政治的，経済的自治を認めることによって，多言語・多民族が共存できる途を探ったのである。

　その後，憲法改正を伴う分権化改革が漸進的に進み，計4度の憲法改正を経て，ベルギーは1993年に連邦国家であることを正式に宣言した。いくつかの権限がフランデレンとワロンに移譲され，それぞれが自律的に政策を決定することが大幅に許容された。ちなみに，このように多言語・多民族国家が連邦制を導入すること自体はそれほど珍しいことではない。連邦構成体に一定の自治を認めていくことで，中央での摩擦と対立を避けようとするのである。こうし

た連邦制度や政治の手法は，しばしば「合意型デモクラシー」「合意型連邦制」と呼ばれている。

ここベルギーにおいても，連邦制を導入した頃は，政策決定過程におけるフランデレンとワロンの対立は回避され，言語問題は解決に向かうと期待された。しかし，その後おおよそ10年を経て，ベルギー政治は，再び奇妙な状況に陥ってきた。

3 「ヨーロッパの縮図」の分裂危機

2007年6月連邦選挙後，フランデレンとワロンの経済格差等を争点として，誰が首相になるべきか，どの政党とどの政党が与党となるのかなどをめぐる連立政権交渉において，フランデレン諸政党とワロン諸政党は対立し，交渉が難航して，約半年の新政権の不在状態をベルギーは経験した。この間，経済的に優位なフランデレンの一部の過激なグループは「フランデレンの独立」を口にし，マスコミはしばしば「ベルギーがフランデレンとワロンに分裂してしまう危険性」を報じた。

ようやく暫定政権が成立したものの，その後も問題を解決することができず，短命政権が続いた。そして，次の2010年6月13日の総選挙では，「ベルギーの分裂」「フランデレンの独立」をほのめかすフランデレン地域主義政党が勝利し，連立形成は一層困難となった。フランデレンとワロンの連立政権合意のための交渉は遅々として進まず，平行線をたどり，結局新政権が成立したのは2011年12月である。計541日[1]，約1年半もの新政権不在は，政治空白の史

---

1) 前政権である第二次ルテルム政権（詳しくは後述）辞職の日を基準に算出すれば，589日となる。

上最長記録（過去はイラク戦争後のイラクにおける 298 日）をはるかに更新するものであった[2]。

前述のとおり，ベルギーが 1993 年に連邦制を採用した当時は，これでベルギーの言語問題も解決に向かうと期待されていた。しかし，なぜ再び両言語の合意形成が困難となり，これほどまでに長い政治空白が生じてしまったのだろうか。連邦制の導入は無意味だったのだろうか。

本書では，2007 年と 2010 〜 11 年の二度の政治危機の要因を検討しつつ，多民族・多言語国家であるベルギーにおける連邦制導入の意義を考察する。主に地域主義の台頭が著しいフランデレンに注目しながら，政権交渉が長期化した要因を「連邦制の効果」という視点から考えてみたい。

4 なぜベルギー危機か──欧州危機の縮図

本書は，一連の政治危機の要因を探ることを一義的な目的とする。ここでその理由を一言で語りつくすことはできないが，本書の主張は，この一連の政治危機が，連邦制を導入したことによって生じている，というものである。この含意は多義的だが，簡単に説明すると，連邦制を導入したことによって，連邦（中央）レベルでの連立政権形成交渉が，複雑化したことを意味している。

もう少し付け加えるならば，ベルギーは連邦制導入の過程で，全国規模の政党がすべて地域政党に分裂していった。つまり，実質的にベルギーにおいては，フランデレン，ワロンそれぞれの「地域」

---

2) この間，前政権が，暫定的に行政を担当した。しかしこの政権には正式な予算決定権もない。単なる「事務管理」内閣でしかなかった。

主義政党が「中央」で合意しなければならない政党システムが生まれたのである。本書ではこれを連邦制導入に伴う「政党システムの多層化」と呼ぶ。

　こうして多層化した政党システムにおいて，政党は，連邦制導入以前よりも地域利益を重視して行動しなくてはならなくなった。そうなると，党リーダーは，交渉過程において他の地域利益を代表する政党のリーダーと対立しやすくなり，さらに党の内部においても，「地域重視派」と「連邦（中央）重視派」との対立を抱え，党の行動をコントロールしにくくなる。

　これがベルギーの空白を長引かせ「危機」を引き起こした最大の要因である。特に「史上最長」を記録した2010～11年の危機で顕著である。

　すなわち，連邦制導入に伴う「政党システムの多層化」が，長期の政治空白と，結果として「分裂危機」とを引き起こしたのである。

　ところで，以上の「多層化」が生み出す弊害は，より広い文脈で述べるならば，「多層的ガバナンス」が進む欧州連合においても生じる可能性がないだろうか。リスボン条約によって，統一的な政体としての度合いを強めた欧州連合ではあるが，その後の欧州危機におけるギリシア支援の問題では，フランスとドイツの利益が交錯する様相を呈し，加盟国の間の利害調整について手間取ったことも伝えられた。ギリシア支援問題に限らず，今後万が一このような事態が生じれば，重要な決定が遅れて，深刻な対立をEUにもたらす危険性はないだろうか。

　くしくも，加盟各国首脳で構成される欧州理事会の初代常任議長は，前ベルギー首相のファンロンパイであった。彼は，まさに本書が扱うベルギーの政治危機の過程においてフランデレンとワロンの

間の意見調整に苦慮した人物である。彼がベルギーの危機に向かい合っている間に身につけた手法がEUの政策決定の場においても影響している（詳しくは松尾2015）とすれば，今の，そして今後のヨーロッパ政治を占う鍵が，ベルギーの政治危機のなかに隠されていると言えないだろうか。ベルギーは「欧州危機の縮図」でもある。ベルギーから学ぶ知見は案外と多いのである。

5　なぜ分裂しなかったのか

　前著（『ベルギー分裂危機──その政治的起源』2010年，明石書店）において筆者は，2007年の政治空白のきっかけとなった選挙の日，2007年6月10日を「ベルギーの歴史に残る日になるかもしれない」と評した。それは，その日から「ベルギー分裂」へのカウントダウンが始まるかもしれないと当時危惧していたからであった。その後2010年の選挙後も，再びベルギーは長い危機に陥った。懸念したとおりだった，とも考えた。しかし，まだベルギーは分裂せず存続している。見方を変えれば，新しい政府が成立しなくてもベルギーは存続している。

　そこで，本書は分裂危機の要因を探ると同時に，「なぜ分裂しないのか」という問いにも挑戦したい。1年半も合意に達することがなかったのに，なぜ──分裂することなく──政権ができあがったのか。こちらも結論を簡単に述べてしまえば，「フランデレン独立」「ベルギー分裂」は政治的リーダーたちの政争の結果，選挙のための効果的な票集めの言説として用いられるにすぎない。だから，次の選挙が近づいてくれば，政治空白という不名誉の責を負うことを嫌い，交渉していた主要政党は「対立」姿勢を改め「合意」に向かうようになる。換言すれば，政権争いの道具として「国家の存続」

が用いられるのである。だから選挙のたびに「分裂危機」には陥る。しかし本当に「分裂」することはない。

つまりベルギーは，ある意味「危機であり続ける国家」なのである。ただし，どうして「国家（の存続）」という本来重い問題が，政争の道具として用いられるのか。「国家」が軽く扱われている，この一抹の「軽さ」の要因を明らかにしたい。この点は，1990年代のベルギー政治の動向を扱う部分で明らかにする。

6 本書の構成

本書の構成は以下のとおりである。第1章では，問題となるベルギー連邦制の特徴，それが成立した歴史的経緯を記したうえで，近年の「分裂危機」を概観し，改めて本書の問題意識を整理する。

第2章では，ベルギー分裂危機に関する先行研究を整理する。とくに「連邦制の逆説」と呼ばれる，多民族国家に連邦制を導入することによって生じる負の効果を論じる研究動向を概観しながら，それらに批判的検討がなされる。

本書は，そのうえで，方法論として，連立政権交渉過程における交渉アクターの動向に注目することを強調する。単に連邦制導入の影響だけをみるのではない。なぜなら，単純に「制度改革の負の影響だ」と言い切ってしまう場合，最終的に「合意」に達し，ベルギーが「結局は分裂しなかった」ことが説明できないからである。とくに1年半にわたる長期の交渉過程におけるアクターの行動が——対立から合意へと——変化していく要因を分析する枠組みを検討する。

第3章以降は事例分析である。第3章は，1990年代以降の国際環境の変化や連邦制導入後のベルギーのアクターの変化を説明する。

そもそもなぜ「分離」を語り,「合意」を否定する地域主義政党が台頭したのか。その背景を説明することが主な趣旨である。1990年代のベルギーでは,全般的な政治不信が蔓延し,既成政党の支持率が低下して,新政党が台頭した。

さらにこうした政党間競合の高まりを背景にした,キリスト教民主主義政党を中心とした既成政党の改革を論じる。そしてその結果,各政党が政権獲得のために政策や戦略を大きく転換していったことを述べる。

第4章では2007年6月以降の半年の危機における交渉過程を,第5章では2010年6月以降の1年半にわたる長期の交渉過程を分析する。これらの章では,1990年代の各政党の行動変化を前提にして,連邦化導入の帰結として生じた「政党システムの多層化」が,合意形成を困難にしていることを明らかにする。

しかしながら同時に,あまりに交渉が長引き次の選挙が近づくにつれて,「次期選挙」における「罰則」を恐れて,主要政党は最終的に合意し,「ベルギー」が維持されたことも明らかにする。実は,「次期選挙」が近づいたのもまた,連邦制導入の帰結の一つであった。つまり,連邦制導入が合意形成を困難にして「分裂危機」を招き,同時にそれが「分裂危機」を「危機」で止め,真の「分裂」には至らせなかったのである。

本書の最後で,2014年5月に行われた連邦選挙結果とその含意について触れたい。執筆時点でまだ分析は不十分であるが,実は,2007年時そして2010年時以上に,既に「多層化」による弊害が明らかになっている。この点について筆者なりの見解を述べることとする。

本書を通じて,ベルギーのことをよく知らない読者に少しでもベルギー「分裂危機」という複雑怪奇な事例を知ってもらい,その本

質が理解され,またベルギーのみならず小国政治研究者や連邦制の比較政治学研究者に,議論が喚起できるのであれば幸甚である。

第1章

連邦国家ベルギーの輪郭

フィリップ国王（写真提供：ロイター＝共同）

　本章ではベルギーという国の概要と歴史，そしてとくに問題としているベルギーの連邦制の特殊性を説明する。

　ベルギーは，単一の国家でありながら公用語が三つ存在し，それに対応して1993年に，オランダ語共同体政府，フランス語共同体政府，ドイツ語共同体政府という，「言語」という人の属性に従って区分された三つの連邦構成体，さらに地理的な区分によるフランデレン地域政府，ワロン地域政府，ブリュッセル地域政府という三つの連邦構成体が存在することになった。まずこの複雑な制度を理解することから始めよう。

1 ベルギーの連邦制度

 そもそも連邦制度とは何か。かつてライカーは,連邦制を,税収効率と軍事増強のための「連邦政府リーダーと連邦構成政府との交渉〔過程〕」として定義しようとした。そしてこの「交渉」が,以下の基準を満たすとき,この政体は連邦であるとした。第一に,同一の領土と国民を統治する二つの次元の政府が存在する。第二に,それぞれの次元の政府は,少なくとも一つの排他的な政策領域を有していなければならない。さらに第三として,それぞれの領域での,それぞれの政府の自治が一定程度保証されていること,である(Riker 1964:11)。きわめて単純ではあるが,本書はとりあえず「連邦制」を,このように定義しておきたい。

 ベルギーが1993年に導入した連邦制は,図1に示すように,地理的単位である「地域」と別に「(言語)共同体」という属人的単位によって構成されている。まずベルギー(中央)連邦政府,そしてフランデレン,ワロン,ブリュッセルという三つの「地域」という構成体,さらに属人的なオランダ語,フランス語,ドイツ語(人口の約0.5%といわれる)という言語によって区分された「共同体」という構成体が設定されている(この点で,ライカーの第一の基準が満たされる)。

 また図2に示すように,連邦政府,共同体政府,地域政府のあいだに明確な上下関係の規定はない(ライカーの第三基準)。そして,連邦(中央)政府,地域政府,共同体政府はそれぞれ担当する政策領域が異なり,1993年時点では,連邦政府は主に安全保障や外交,社会保障権限を有する。安全保障(軍)と外交を担当する点でベルギー連邦政府は,対外的に「ベルギー」を代表する。他方で共同体

図1 ベルギーの連邦制度（地理的）

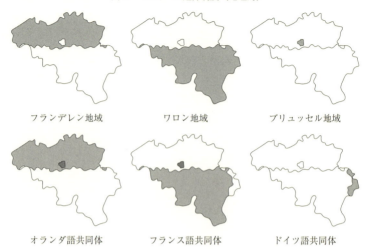

出典：ベルギー連邦政府 HP
（http://www.belgium.be/en/about_belgium/government/federal_authorities/federal_government/）

図2 ベルギーの連邦制度（垂直的）

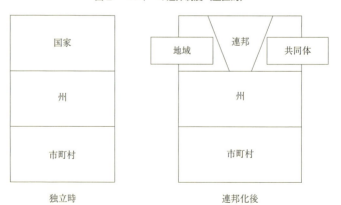

出典：Sägesser 2009：12

政府は教育，文化，言語にかかわる政策を担当し，地域政府は管轄域内の公共事業など経済政策を担当する（ライカーの第二基準）。以上で，ライカーの三つの基準が満たされる。こうして，ベルギーは連邦国家となったわけである。

その後，2001年には再び憲法改正が行われ，さらに地域政府への課税権の委譲等が進んだ（津田 2008）[1]。また連邦制を導入する過程で，連邦レベルでの閣僚ポスト配分を言語別に同等とすること，アラーム・ベルと呼ばれる少数者の拒否権を認める[2]など，ベルギーはフランデレンとワロンの対立を解決するために，徐々に分権化を進め，複雑な連邦制度を作り出したのである。

一般的に連邦制は，各構成体が自律しているため，構成体間で全く趣旨の異なる法律を立てたりすることがある。こうしたときに，憲法に即していずれの法が優先するか等を判断するために「憲法裁判所」や「仲裁裁判所」という機関が設置されるのが普通である。

このベルギーにおいても同様で，仲裁裁判所の判断次第で，ある争点が政治化し，フランデレンとワロンの関係が左右されることがある。しかも中央政府以外に，三つの共同体政府と三つの地域政府が存在すれば，「交渉」が一層複雑になることは明らかである。

では，なぜベルギーは，このように複雑な連邦制度を導入するに至ったのか。連邦制を導入するまでの歴史を見よう。

---

1) 2013年にも改革が進んだが，その経過については後述する。
2) アラーム・ベルとは，一方の言語共同体にとって不利になるような法案が多数決で決定されるとき，不利益を被る側が発信することのできる「警告」であり，ベルギー憲法54条に定められている。これが発信されれば，法案提出者は30日の熟慮期間を経て，法案を再考しなければならない（動議趣旨の説明書を提出する）。ただし，法案の変更を強要するものではなく，その意味で「拒否権」とは区別されるべきであるが，便宜上ここでは「拒否権」と記した。

2 連邦制導入の道程

(1) 独立まで——フランス語主導の国家形成の背景

　現在のベルギーが位置するところは，ローマ共和国の時代，ローマの人びとから「ガリア」と呼ばれた辺境の地で，とくに今のベルギーあたりにいた人びとは「ベルガエ」と呼ばれていた。この異民族制圧のために，ローマのカエサルが出兵し，その記録が『ガリア戦記』に綴られている。とくに「最も勇敢で強い」と恐れたベルガエとの戦いを，カエサルは『ガリア戦記』の第二巻を丸々用いて詳述している（カエサル 1942）。

　ローマはガリアの制圧に成功したが，その後，ローマ帝国の滅亡を経てフランク王国の興亡の歴史のなかで，ベルガエという名は歴史の表舞台から消え去る[3]。中世においてはフランドル（オランダ語では「フランデレン」）伯領ないしネーデルラントと呼ばれた。フランデレンは良質な毛織物産業の地として発展し，同時に，この利益を生み出す交易の拠点を獲得しようとして，時の大国は争いを繰り返した（Cammaerts 1942）。

　こうした歴史は現在のベルギーに大きな影響を及ぼしている。しかし現代史を，そして言語問題を考える時重要なのは 1792 年から 1814 年までの，フランス革命直後のフランスによる支配の時代である。フランスは，近代国民国家形成に向けて徹底したフランス語教育政策を遂行した。公の場でフランス語を理解できない人は要職からはずされ，教育言語をフランス語とする政策が強行された。

　また（フランス語を母語とする）ワロン地方は，ヨーロッパ大陸で

3）　ローマ支配の時期，ローマの属州「ガリア・ベルギカ」として名前は残った。

は最も早く産業革命を経験した。イギリスから近く，河川交通が発達し，豊富な炭鉱を有するワロン地方が，当時鉱工業を中心に経済的繁栄を迎えたのだ。このため，フランス統治下のベルギーにおいては，オランダ語を母語とするフランデレンの人びとは，フランス語を話せないとエリートになることができなくなった。

　以降，この地は絶え間なくフランス，オーストリア，オランダらによって支配された。その後，1830 年にベルギー王国はオランダの支配に反発して，フランス語を話す人びとが中心となってオランダから独立を果たした（Kossmann 1978）が，フランス支配の名残りから，独立時のベルギーにおいては，フランス語主導で，つまりワロン中心で国家形成が進んだのである（Heisler 1990）。

(2) 独立から第二次世界大戦まで——柱の形成とフランデレン運動

　独立後，オランダからの独立戦争を主導したワロンの人びとが話す，フランス語による言語一元化政策が進められた。潜在する言語の相違をいかに克服するかという問題は新国家ベルギーにとって大きな課題であったが，新国家が最初に直面した重要な問題は「学校紛争」であった[4]。

　まだベルギーという国が成立する以前の 17，18 世紀の時点で，既にこの地域にはカトリックが布教され定着していた（Dobbelaere 2010：284）。しかし 18 世紀末のフランス革命を契機に政教分離が進むと，ヴィンセンシオ会が中心となって，政教分離政策に対抗して，この地に組織的な伝道を開始した（Dobbelaere 2010：285）。そ

4）　独立戦争後，ベルギーの当面の課題は，他の西欧大国のなかで，小国ベルギーの独立を確保することだった。「学校紛争」が政治化したのは，国際的にその地位が承認された後の 1840 〜 50 年代以降である。

第 1 章　連邦国家ベルギーの輪郭

の結果,とくに教育の面でカトリックが支配的な地位を築いていった。

しかし独立後のベルギーでは,フランス革命の思想に影響された「自由派」も台頭し,フレール゠オルバンらが中心になって,カトリックによる教育の独占に対抗して,1879年に宗教教育義務化の撤廃,(聖職者の教職アルバイトを制限する)教員資格を設置するなど反教権主義政策を進めた。宗教からの自由という意味で,彼らは当時「自由主義者」と呼ばれた。逆に「保守」と呼ばれたカトリック勢力は,対抗して組織的運動を強化した。中間層,農民に対する慈善活動を目的とする協会(société)を精力的に設置した。

カトリックのこうした活動の背景には,自由主義者から教会の利権を防衛するという目的だけではなく,より革新的な社会主義者から利権を防衛するという目的もあった。ベルギー,とくにワロン地域が早期に産業革命を経験したことは先に述べたが,そのためワロンにおいては早くから労働運動が発達した。ワロンではフランスのアナーキズム,フランデレンではマルクス主義の影響を受けた。1885年には,ヴァンデルヴェルデのもとでベルギー労働党(Parti Ouvier Belge)が結成され,男子普通選挙制の成立と共に勢力を拡大していった(松尾 2000:70-71)。

これに対抗して,カトリック勢力も独自に労働者を取り込んでいった。これが後に労働組合,共済組合,積立貯蓄など様々な団体へと発展し,彼らは「キリスト教民主主義者」と呼ばれるようになる(De Maeyer 1994)。こうした活動を通じてカトリック勢力は,保守層から労働者階級まで幅広い階層を取り込み,1884年の選挙では,反教権主義的な政策を掲げる自由党政権に対抗し,カトリック諸派が一つの党派として圧勝する。こうしてカトリック党(Parti Catholique)が結成された。他方で,労働党の台頭に伴い自由党は

勢力を低下させ，カトリック党が，おおよそ第一次世界大戦後まで単独で政権を維持してきた（松尾 2000：62-65）。

　こうした民主化，近代化の進展のなかで，言語問題は政治化していく。キリスト教民主主義派は労働者を動員するためにフランデレンに働きかけた。フランデレンの労働者を惹きつけるために，「フランデレンが強いられている言語の制約，生活の改善はわれわれキリスト教民主主義が解決する」と呼びかけたのである（De Maeyer 1994）。こうして，キリスト教民主主義運動とともに 19 世紀末からフランデレン人による抵抗運動，フランデレン運動が台頭するようになる。

　その成果もあって，19 世紀末から，徐々にフランデレンの言語使用権利は拡大する。第一次世界大戦後，フランデレンの民族主義的分離運動が高揚し，その対応のため，当時のベルギー政府は，ワロン地域でフランス語を，フランデレン地域ではオランダ語を公用語とした。「地域言語制」の導入である。このとき，フランデレン地域にある首都ブリュッセルは，首都として，また歴史的にフランス語を話す人びとが多く住んでいるため（7 割と言われている），例外的に「両語圏」と規定された。

　第二次世界大戦でベルギーはドイツの占領下におかれた。そのために戦後直後の時期，「フランデレン」を語ることはファシズム運動とみなされ，フランデレン運動は一時的に下火となった（松尾 2010b）。

(3) 第二次世界大戦後の言語問題――経済的地位の逆転から連邦制へ

　第二次世界大戦後,「国王問題」[5]が解決すると,しばし言語問題は沈静化する。しかしこれはこの時期,戦後復興が最優先課題とされ,また先の理由によりフランデレン運動が下火となっていただけで,地域言語制の導入が功を奏したわけではなかった。実質的には,まだフランス語を話せなければベルギーの社会でエリートとなることはできなかった。

　しかし,ベビーブームでフランデレンの人口が増加し,また豊かな港をもつフランデレンに外資が集中して,1950年代以降フランデレン経済が急成長した。それとは対照的に,産業革命以来ワロン経済をささえていた石炭の需要が国際的に低下していった。これらを背景に,1960年代にはフランデレンがフランス語優位の諸制度に対する見直しの要求を強め,他方で既得権益に固執するワロンも対抗運動を強め,両言語の対立は激しいものとなった。デモや暴動が頻発し,議会も言語の別で対立し,カトリック政党,自由党,(労働党が改組した)社会党とは別に地域主義政党も台頭した。「言語問題」は,単なるフランデレンの抵抗運動から変質し,実質的,政治的なオランダ語の優位を獲得しようとするフランデレンと,凋落するワロンの抵抗運動との対立という意味合いももつようになった。

---

[5] 第二次世界大戦においてドイツがベルギーを攻撃した際に,国王レオポルド3世はいち早く降伏を宣言し幽閉された。亡命政府は国王大権を没収し抵抗を続けた。戦後,早々に降伏したレオポルド3世の復位をめぐり世論は二つに分かれ,短命政権が続き,復位の是非を問う国民投票が実施されたが,フランデレン(賛成多数)とワロン(反対多数)の感情の相違が顕在化した。戦後の言語対立の始まりであった。

言語問題が高まるなかで行われた1965年の選挙では、第三党だった自由党が党勢を回復する。さらにフランデレン、ワロンではそれぞれに地域主義政党が台頭した。逆に長くベルギーの政治を担ってきたカトリック党（当時は「キリスト教人民党／キリスト教社会党 (Christelijke Volkspartij / Parti Social Chrétien)」。以下、CVP/PSC。後述）は、議席数を大きく減らした。

　また、やはり占領下でベルギー労働党は、党首ド・マンがファシズムに傾くなかで解党され、その後より現実的な路線を志向する「ベルギー社会党 (Belgische Socialistische Partij / Parti Socialiste Belge)」に改組し、カトリック党（CVP/PSC）と連立政権を組んで、戦後ベルギー政治の民主化、近代化を進めてきたが、やはり1965年の選挙では議席数を落とす。つまり、二大政党が大幅に議席数を落とし、ベルギーの政党システムの小党分裂化が進んだ。

　そのなかで伝統ある（フランデレン地域にありながらフランス語を教育言語として認めていた）ルーヴェン・カトリック大学の分割問題が生じる[6]。議席数を減らした与党、カトリック党はこの問題を解決することができず、党内の地域間対立を露わにし、とうとうフランデレンとワロンの二つの地域政党（CVPとPSC）へと分裂することになった（以下、特段の断りがない場合は、「フランデレン・カトリ

---

6) 1960年代の言語政策において、ルーヴェンはオランダ語を公用語とする都市と定められた。しかし、ヨーロッパでも有数の伝統をもつ大学として、ルーヴェン大学ではフランス語の書類が行き交い、またフランス語教授の子弟のためにフランス語学校も存続した。これがルーヴェン大学のオランダ語教職員、学生を怒らせ、65年以降、徐々に「フランス語話者は出ていけ」と訴えるデモが広がった。しかし、大学当局はこれを認めず、当時のファンデンボイナンツ政権も「大学の自治」を理由に、この問題に関与しようとせず、議会は紛糾し、その結果、党が分裂し政権が崩壊した。結局その後成立したエイスケンス政権が、フランス語の「ルーヴァン・ラ・ヌーヴ（フランス語で「新ルーヴェン」の意）」をフランス語圏に設置することを決定した。

ック党」,「ワロン・カトリック党」とする)。

　カトリック政党の分裂は,自由党,そして後に社会党の分裂をも引き起こしていく[7]。主要政党が言語・地域の別で分裂し全国政党が消滅するなかで,ベルギーは1970年から分権化改革に着手することになる(以下,特段の断りがない場合,自由党は「フランデレン自由党」と「ワロン自由党」,社会党は「フランデレン社会党」と「ワロン社会党」と表記する)。

　1970年の憲法改正ではベルギーにおける「(言語の別による行政区分である)言語共同体」の存在を認めた。そしてこれを手始めに,フランデレンとワロンそれぞれの自治を拡大し,計4回の憲法改正を経て1993年に「連邦国家」となることを宣言するに至った。

　この4回の憲法改正は,とくにその初期は,以上のような経済的優位を背景に自治を高めようとするフランデレン側の要求を,その都度対応することで,食い止めようとした結果でもあった(Zolberg 1977)。しかし一度の改革は次の改革の呼び水となり,結局連邦制を導入するまで改革が進んだ。

　政治的自治を要求するフランデレンと,経済的な停滞を自覚して,経済的な既得権益を守ることに固執したワロンの,四半世紀に及ぶ交渉と妥協の結果として,言語・教育政策の自治を有する(オランダ語,フランス語,ドイツ語という三つの)「共同体」という構成体[8]と,経済・財政上の自治を有する(地理的に「フランデレン」「ワロ

---

7) 社会党は,ワロンの Parti Socialiste(社会党。以下,PS)と,フランデレンの Socialistische Partij.(社会党。以下,SP)。自由党は,フランデレンの Partij voor Vrijheid en Vooruitgang(自由進歩党。以下,PVV)と,ワロンの Parti Réformatuer Libéral(自由改革党。以下,PRL)。以上の政党については,便宜的に「ワロン自由党」のような表現方法を採ることもある。
8) 1980年の改革で,「言語共同体」は「共同体」と呼ばれるようになった。

ン」「ブリュッセル」の三つに分割される)「地域」という構成体が生まれた。1993年に導入した連邦制が特殊で複雑なのは，このためである。

　この連邦制について以下の点を補足しておきたい。1993年以前にも共同体政府・議会，地域政府・議会は規定されていたが，これらの議会が直接選挙によって選出されるようになったのは1993年の連邦制導入以降である。つまり連邦構成体が真に自律的な意思決定ができるようになったのは，1993年以降である。換言すれば，この直接選挙を導入したことによって，ベルギーは，実質的に選挙区がフランデレンとワロンに分断されることになった。これは，政党が，戦略上以前よりも地域利益に強く影響を受けるようになったことを意味する。

　さらに，連邦制の導入によって，フランデレンではフランデレン地域政府を形成する政党システムが存在し，ワロンにはワロンの政党システムが存在することになる。そして，それとは別の選挙で選出される「ベルギー」(中央)議会・政府を形成する政党システムが存在することになった。これをデスハウアーは「政党システムの多層化（multi-layerd setting）」と呼ぶ（Deschouwer 2009a）。本書もこれに倣い，とくに断りのない場合，「多層化」とは，「政党システムの多層化」を指すこととする。

　しかし，このような連邦制を導入したにもかかわらず，2007年以降，ベルギーは「分裂危機」と呼ばれる事態に直面した。以下，その概要を記す。

3 分裂危機

(1) 既成政党のパフォーマンスの低下

1990年代までフランデレン・カトリック党の選挙パフォーマンスは既に低下傾向にあったが、それでも支持率は相対的に高く、連立与党（首相輩出政党）の地位を維持してきた。

しかし以下の図3に見るとおり、連邦制の導入後、1990年代になると得票率は凋落することになる。ついに1999年にフランデレン・カトリック党は与党の座を追われ、フランデレン自由党（Open VLD）を首班とした連立政権が成立する。

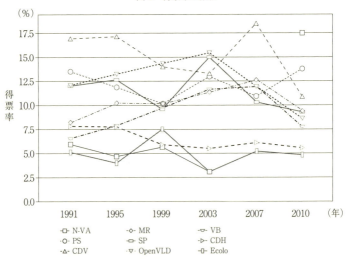

図3 得票率の推移

出典：NSD：European Election Database – Belgium
http://www.nsd.uib.no/european_election_database/country/belgium/

その後,政権に返り咲くためにフランデレン・カトリック党は党改革を本格化させていった。同時にフランデレンとワロンの経済格差の是正をめぐる問題,BHV問題と呼ばれる選挙区改革の問題がベルギー政治の争点となっていった。

(2) フランデレンとワロンの経済格差

　1960年代にフランデレンとワロンの対立は激しくなり,それが全国政党の分裂を招き,その結果連邦化改革が進んだが,その背景には,第二次世界大戦後,フランデレンとワロンの経済的地位が逆転したことがあった。そして,このフランデレンとワロンの格差はその後も是正されていない。2009年の国民一人当たりの国内総生産は,ワロンが80ユーロに対してフランデレンは160ユーロである。2倍の差が生まれている。

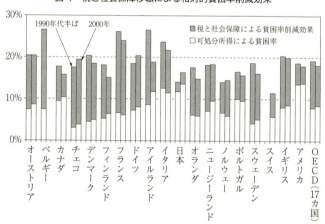

図4　税と社会保障移転による相対的貧困率削減効果

出典：Income Distribution and Poverty in OECD countries in the Second Half of the 1990s.

さらに戦後，福祉国家が確立していくなかで，フランデレンによる社会保障財源負担が不平等感を高め，フランデレンの剥奪感が高まり，これがフランデレン分離主義者の主張の根拠となっている（松尾 2010c）。ここで，ベルギーの社会保障による所得移転の状況を概観しておきたい（図4）。

これは，しばしば我が国の社会保障制度の脆弱さを指摘する場合に用いられるグラフである。たとえば湯浅誠は，この図により，日本の社会保障制度が十分に「貧困」を撲滅していないと主張する（湯浅 2008）。逆に図4によれば，ベルギーでは，社会保障制度による所得移転が十分に機能し，貧困層の救済が相対的に効果的になされている。現在では各フランデレンの家庭がワロンの家庭に対して5年ごとに新車を1台買い与えているという試算もある。つまり社会保障による所得移転が効果的に機能しているからこそ，フランデレンの剥奪感が高まっているのである。

さらに1993年に導入された連邦制は，自治を求めるフランデレンと，経済不況にさいなまされるワロンとの妥協の上で成立した。以下の表1は各国の地方自治体（ベルギーは「地域」）の財政自律の程度を比較したものである。国家全体の財政支出のうち，地域（連邦構成体）の財政支出が占める割合を上段の「支出」に，国家全体の歳入のうち，地域（連邦構成体）の歳入が占める割合を中段の

表1　地域の支出と垂直的な財政不均衡

(単位：％)

	ベルギー	ドイツ	オーストリア	スイス
支出	40.8	65.0	36.1	68.5
収入	7.3	48.5	21.2	70.8
比率	0.18	0.75	0.59	1.03

出典：スウェンデン 2010：160，表4-5から筆者作成

「収入」に国ごとに並べ,その比を下段の「比率」に計算している。「比率」は,これが1.0より小さい値であれば,地域で徴収された税金(地方税等)では自らの支出をカバーできず,その不足分を中央からの補助金に負っていることを意味している。逆にこれが1.0よりも大きな値であれば,地域は自らの税金だけで財政支出をまかなえることになる。

表1の比較からも理解できるように,ベルギーの地域(地方)財源は相対的に多くを連邦(中央)の財源に負っている。この点でベルギーの連邦制は,実質的に財政上構成体の自律を保証しているとはいえない。繰り返すが,ワロンを経済的に救済できる連邦制でなければ,ベルギーの連邦制改革は合意できなかっただろう。つまり,ベルギーの連邦制において構成体は財政上自律しておらず,そのため地域間対立が生じる可能性を有するのである(Pagano *et al.* 2011:10-11)。

たとえばフランデレンの極右政党であるフラームス・ベラング(VB)は「長い間,自由市場を志向するフランデレン人が,社会主義的ワロン人を補助してきた」にもかかわらず「ベルギー憲法がフランス語話者に同等の権限を付与し,主要な論点については拒否権までも認めている。このためフランス語話者は,あたかも多数派であるかのように振舞うことができる」と主張し,フランデレンの分離独立を要求してきた[9]。すなわち,フランデレンによる社会保障

---

9) これを背景に生じた象徴的事件が,2006年12月13日夜,ベルギーのフランス語系国営放送であるRTBF (la Radio Télévision Belge Francofone) による「ベルギー分裂」報道である。この夜,通常放送中,突如「ベルギーのフランデレン地域が独立する」というニュースが流され,しかも「生中継」でフランデレン「国旗」を掲げる群衆の映像,フランデレン「国境」で止められている列車の映像などが映し出されたのである。この間局にはより詳細な情報を求める電話が殺到し,各国在ベルギー大使館からも首相官邸に問い合わせが相次いだ。約30分後,これが架空

財源の負担が不平等感を高め，フランデレンの独立意識を高めてきたのだ。

アメリカ紙である『シカゴ・トリビューン』の記者，トム・ハンドレイ氏は，当時，以下のようにフランデレンとワロンとの関係を風刺した。

「彼らは長い間，家庭内別居している夫婦であった。彼らは同じ番組を観ず，同じ音楽を聴かない。同じ言葉ですら話さない。唯一彼らに共通している好みは，ビールとチョコレートのみだ。彼らは惰性で一緒にいるだけで，家計と共有財産を分けることが頭痛の種だから一緒に過ごしているにすぎない」（*Chicago Tribune* 12/02/2007）。

次に，もうひとつの重要な争点になっている，ブリュッセル周辺域の選挙区問題について説明したい。

(la fiction) の報道であるとのテロップが流された。その後政府筋は，1938年のアメリカでH・G・ウェルズ作『宇宙戦争』のラジオ放送が引き起こした騒動を引き合いに出し，「……公共放送局が……事実であるがごとく『ベルギーの終わり』を報道することは，極めて無責任である」「国家の制度と安定とを弄んだ」と批判し，首都ブリュッセルではベルギーの統一を支持する市民のデモが発生した。しかし，これに対してRTBF側は「我々の意図は，ベルギーの人びとに対して『ベルギーの将来』について問題を提起すること，つまり数カ月のあいだにベルギー国家が消滅する可能性があるという意識を喚起することにあった」とコメントしたのみであった。この騒動自体は一時的なものであった。「この報道に対するほぼ国内全域からの批判は，『国家統一』の支持がなお高いことを示している」とのフランス語（自由主義系）新聞，『自由なベルギー（La Libre Belgique）』の指摘は正しい。しかし，他方で，極右政党は「……ベルギーのフランス語圏の人びとにとって，今まで分裂という考えは空論にすぎなかった。しかしこの架空報道によって，突然それは現実味を帯びることになった」「ベルギーの崩壊〔の是非〕は既に問題にはならない。もはや『いつ』分裂するのか，という次元の問題なのだ」と，むしろ分離主義的主張を強めているように映る（松尾 2007）。

図 5　BHV 選挙区

出典：Brussel-Halle-Vilvoorde（brusselsjournal.com）

(3) BHV 問題

　もうひとつの問題が，首都ブリュッセル周辺域における選挙権の問題である（武居 2006）。首都ブリュッセルはフランデレン地域にありながら「両語圏」と規定されてきた。このこと自体がフランデレン側にとっては問題である。オランダ語のみを公用語とするフランデレン地域のなかで，フランス語も公用語としているブリュッセルは，長く「油のシミ」であった。

　さらに大きな問題となっているのはその周辺域である。この周辺域は，元来オランダ語圏と規定されてはいるが，首都への通勤・通学に便利なため，昔からフランス語系住民も住んでいる。とくにハッレ・フィルフォールデ（Hal-Vilvorde / Halle-Vilvoorde. 以下 HV）地区（図 5）には相対的に多くのフランス語系住民が住んでいる[10]。このフランス語話者たちは行政や教育においてフランス語の使用

---

10) ベルギーにおいて公的機関が公表する言語別の数値は，その信憑性について，公表されるたびに議論が生じる。ここでは，この程度の表現にとどめておきたい。

許可を求めた。こうした言語的, 民族的な重複を有する周辺地区の少数言語グループが, 行政・教育上の不利を被ることのないよう, 過去のベルギー政府は便宜措置 (facilités) を導入し, 少数言語を使用可とする特例地区を設けてきた。

とくにフランス語も公用語としているブリュッセルに隣接しており, フランス語住民が比較的多く住むHV地区では, フランス語系住民がブリュッセル（両語圏＝フランス語系政党も立候補している）のフランス語系政党に投票できる便宜措置をベルギーは付与してきた。これを便宜的に「ブリュッセル・ハッレ・フィルフォールデ (Bruxelles-Hal-Vilvorde ／ Brussel-Halle-Vilvoorde. 以下 BHV) 選挙区」と呼ぶ。

ここで, ブリュッセル周辺域の人口動態を見ておきたい (表2)。

第二次世界大戦後, ベルギーの近代化が進むにつれ, ブリュッセル首都圏への人口移動が, フランス語話者, オランダ語話者の別を問わず進んだ。そしてさらに時がたつと, 首都圏は地価が上昇し, 人びとはその周辺域 (HV) に居住を移した。表2に示されるように, 1980年代から実は首都圏の人口は微減の傾向にあるが, 他方でHVは, それを上回り増加する傾向にある。こうした首都圏から周辺域への人口移住（郊外化）が, フランデレン側の危機感を増加させる背景となっていたのである。

さらに「連邦制の導入」が, この問題を政治化することになった。

表2 ブリュッセル首都圏とHVの人口動態 (〜2000年)

(単位：人)

	1980年	1989年	2000年	増加率 (%)
ブリュッセル首都圏	1,008,715	970,501	959,318	− 4.9
HV	513,997	533,719	558,220	7.92

出典：松尾 2010d

連邦制の導入を確定した1993年の憲法改正は,「地域」レベルで,三つ(フランデレン,ワロン,ブリュッセル)にベルギーを分割したが,その時点でワロン地域とフランデレン地域の境界線は,従来一つの州であったブラバント州を横断するように引かれた。すなわち,ブラバント州はワロン・ブラバン州とフラームス・ブラバント州という二つの州に分割され(ベルギー憲法第5条),その後さらに2002年になって,州改革にともなう選挙区改革が行われた (Hooghe *et al.* 2006)。

フランデレン自由党のヴェルホフスタット政権の下で進められたこの改革の焦点は,選挙区を行政単位の「州」と一致させることにあった。それによって20の選挙区は11に減ることになるが,一つの選挙区規模は大きくなる。より広い選挙区での支持を得る議員で国会が構成されることは民主主義的と考えられた[11]。

しかしBHV選挙区を含むフラームス・ブラバント州については選挙区見直しの対象外とされた。これはHVに住むフランス語系住民の利益を配慮したためであったが,この便宜措置の存続にフランデレン側が憤慨したのである。

つまり2002年の選挙改革とは,選挙区の改革であったにもかかわらず,フランデレンの積年の要求であったBHV選挙区分割を実現せず,便宜措置を維持し続けた。そのため,フランデレン地域政

---

11) ここでは第一に,政党システムの破片化,極右政党の台頭を阻止するために最低得票率(threshold)を引き上げること,第二に,1999年にカトリック政党が下野し,フランデレン自由党のヴェルホフスタット政権が成立したが,カトリック政党の選挙の敗北は「ダイオキシン問題」,つまり政治汚職によると理解されていた(Fitzmaurice 2000)。そのため新しいヴェルホフスタット政権は伝統的な政治手法を否定し「政治の刷新」を意味する「市民の民主主義」,すなわちエリート主導による密室政治を否定し,古典的民主主義への回帰を掲げた。その一環として選挙区の改革がアジェンダに挙がったのである(ヴェルホフスタット政府宣言)。

府を構成する諸政党は,一致して署名を提出し,HVとブリュッセルの選挙区を分割することを要求した。繰り返すが,しかし,もしHVが分割されれば,HVに住むフランス語住民は,選挙で(ブリュッセルの)フランス語系政党(候補者)に投票できなくなる。

当時,もしHVが分割されれば,フランス語系政党は首都ブリュッセルで1議席も獲得できなくなるとの政治的試算もあった。逆に,便宜措置を存続させるのであれば,フランデレン諸政党がブリュッセル首都圏で獲得議席を失うとの試算も報道された(松尾 2010d)。こうしてBHV問題は双方の政治家にとって死活問題となり,互いに一歩も譲らず,解決は困難を極めた[12]。42もの案を用いて妥協を図り続けたものの解決できず,結局ヴェルホフスタットは,信任投票を経て,2007年の国政選挙までこの問題は「凍結」した(武居 2006)。

政権成立当初から,過去の政治汚職を積極的に批判し,また同性愛結婚を認めるなどの改革を迅速に進めて支持されてきたヴェルホフスタットも,この問題では遅々として改革を進めることができなかった。こうしてヴェルホフスタット政権への不信が高まるなかで,BHV問題を争点としたまま,2007年6月に選挙を迎えることになったのである。

---

12) ヴェルホフスタット政権は,代表者によるフォーラムを開催するなど,問題の解決に尽力した。当初提案された案は,HV選挙区を,ひとつのフランデレン選挙区として統合するが,しかし,フランス語系住民には便宜措置を付与する,というものであった。この案によって,BHV問題は実質的な解決へ向かっていった。しかし,この妥協案が可決される直前に,社会党(与党)と選挙協力している新政党Spiritが,フランス語住民への便宜措置付与は耐えられないとして,合意を破棄したのである。武居によれば,Spiritの議会グループ(妥協を了承していた)と,同党の本部(最終的に妥協を否定)との意見の齟齬にあった(武居 2006)。つまりこの破棄の原因は,同党の党組織の未成熟に求められよう。

(4) 分裂危機へ

　フランデレン自由党を中心とする与党がBHV問題の対応に苦慮する間，与党返り咲きを狙うフランデレン・カトリック党は，党改革を進めた。

　2001年にはキリスト教民主フランデレン党（Christen-Democratisch en Vlaams. 以下CDV）に党名を変更し，「フランデレン」の政党であることを強く打ち出した（いずれにせよ，「フランデレン・カトリック党」と表記する）。

　さらに，その後行われた2004年の地域議会選挙でフランデレン・カトリック党は，フランデレンの独立をほのめかす地域主義政党である「新フランデレン同盟（Nieuw-Vlaamse Alliantie. 以下N-VA）」と選挙カルテルを組み勝利し，ともにフランデレン地域政府の与党となった。

　続く2007年の総選挙における選挙戦では，経済的に停滞しているワロンへの（連邦政府からの≒フランデレンの税金からの）経済支援をどうするか，そしてBHV選挙区を分割するかどうかを争点として各党が争ったが，結局BHV問題の処理で失敗した与党フランデレン自由党が支持を減らし，野党でN-VAと同一名薄で選挙に臨んだフランデレン・カトリック党が勝利した。フランデレン・カトリック党の党首ルテルムは，「フランス語話者にはオランダ語を理解する能力がない」「BHVを分割するために一切の妥協はしない」など過激な言説を選挙でアピールし，80,000票もの個人票を獲得した。

　しかし，この選挙の後ベルギーは連立合意になかなか至らなかった。過激な言説でフランス語政党やフランス語話者を批判したルテルムが連立交渉を取りまとめることは難しく，ベルギーは約半年の間政権を組むことができなかった。交渉にかかわった政治家が「ベ

ルギー分裂の危機だ」とコメントし,マスコミが大きくそれを報じた。これがいわゆる「分裂危機」である。

　結局,半年の交渉の後,ルテルムは取りまとめ役を降り,前任の首相ヴェルホフスタットによる暫定政権が成立した。

　しかし,その後もフランデレンとワロンの間で国家改革をめぐる議論が進まず,短命政権が続いた。結局ベルギーは2010年6月に改めて選挙を行った。この選挙では,「フランデレンの独立も辞さない」と主張する,フランデレン地域主義政党N-VAが躍進し,単独で第一党となった。

　N-VAの党首であるデ・ウェヴェールは先の2007年選挙後,連立交渉においてワロンとの妥協に一切応じることがなく「分離主義者」と見なされていた。そのN-VAが第一党になったため,ベルギーの各紙はこれを「政治危機」と評し,ヨーロッパ中から「ベルギーは分裂するのではないか」と注目された。結局,1年半の交渉を経て,N-VAは政権からはずれ,ワロン社会党（PS）のディ・ルポによる6党連立政権が2011年12月に成立した。これが一連の「分裂危機」である。

　では,民族対立を解消するための連邦制導入後にもかかわらず,なぜフランデレンとワロンの合意が進まず,分裂危機が生じたのだろうか。そして,なぜ「危機」でとどまり,分裂しなかったのだろうか。以下で本書が取り上げる問題点を整理する。

(5) 問題設定

　本書では,以上のような分裂危機の要因を明らかにすることを一義的な目的とする。そしてその際に,ベルギーが導入した連邦制度の影響を考慮する。というのも,2007年の分裂危機にせよ,2010年以降のベルギー政治危機にせよ,これらの危機は,言語問題を解

決するための連邦化導入以降の出来事だからである。言語問題を抜本的に解決するために連邦制を導入したにもかかわらず、このような事態が生じてしまったのはなぜだろうか。この連邦制に何らかの問題があったのではないか。

さらに、ではどうして合意に至ったのか。もし連邦制導入の帰結として一連の危機が生じたのであれば、その連邦制の下で、なぜベルギーは分裂しなかったのか。対立していた交渉アクターが態度を変え、合意に至ったのであれば、それは何によって引き起こされたのか。実は、一見分裂危機を引き起こしたと考えられる連邦制度のなかに、合意を引き出す制度的装置が仕組まれていたのだろうか。

以上のような問題点を念頭に、以下ではとくに「連邦制の効果」に注目して、ベルギーの分裂危機の要因を探っていきたい。

次章では分析のための視点、枠組みを検討するが、その前に本書の分析にかかわる範囲で、ベルギーの特徴的な政治制度および主要政党について説明しておきたい。

4 ベルギーの政治制度の特徴

以下では、ベルギーの政治制度の特徴を記しておこう。その際、フランスやドイツと比較しながらその特徴を述べることとしたい。次に主要なアクター（政党）について、その概要を記す。

(1) ベルギーの政治制度——政権交渉の慣例

まず国王の政治的機能について述べておきたい。国家元首（国王、大統領を問わず）が現実の政治にどの程度介入し、実効力を有するかという問題は、現実の政権形成に大きな影響を及ぼす。フランスの場合、直接に首相を任命することができる。逆にドイツは実質的

な権限を持たず議会決定を追認する程度である。この両国と比べると，ベルギーの国王が政権形成で果たす役割は特殊であり，以下に歴史的経緯と概要とを記しておきたい。

ベルギーの初代国王であるレオポルド1世（在位1831〜1865）は，ドイツの小王家出身である。オランダの専制君主支配に抵抗し，フランス革命とフランスの共和政に鼓舞されてベルギーの人びとが作りだしたベルギー憲法を見て，レオポルド1世はその遵守を宣誓はしたものの，実際には強い抵抗感を覚えたといわれる[13]。

実はその結果彼が行ったことが興味深く，それがこんにちのベルギー政治にも影響している。彼は首相にふさわしいと思われる人物を非公式な役職である「組閣担当者（formateur）」に指名し，他政党と施政方針や組閣を交渉させ，さらに適宜自分に情報提供，諮問させることとした。こうして政府形成「交渉」に介入し，現実の政治に実質的な影響力を及ぼした。

レオポルド1世がこうした不可解な行動を採った理由とは，独立当初，自由主義的色彩の強いベルギー憲法において自らの影響力を行使したかったからだとも言われることはあるが，独立後まもない不安定な，しかも多言語の国家を任されることになり，その存続のために自らが政治にかかわっていく必要があると考えたからだ，と現在は好意的に解釈されている（Kossman 1978）。

第二次世界大戦後，ベルギーでは国王の戦争責任が重要な問題となった。いわゆる「国王問題」と呼ばれる[14]。これは，第二次世界大戦におけるドイツのベルギー侵攻に際して，単独で降伏を宣言し

---

13) Prof. Dr. Dimitri Vanoverbeke へのインタビューによる。2012年8月23日。ルーヴェン大学文学部（Inkomststraat）の彼のオフィスにて。
14) 本章注5を参照のこと。

た当時の国王レオポルド3世(在位1934〜1951)の復位をめぐる論争である。このときのベルギーでは国王復位についての賛否がフランデレンとワロンの対立に飛び火し、やはり国家存続の危機に陥った。このとき以来、国王は民族対立に苛まされる自国において「調停者」の役割を果たしていると理解されており、現在においてもこの政権形成における慣例は存続している(ヴァンオーヴェルベーク 2002：51)。現在の慣例を述べておきたい。

　通常ベルギーのような民族、階級、宗教による社会的亀裂を有する多元的な社会においては、圧倒的な与党が誕生しないため、選挙後、第一党から選ばれた人物が組閣担当者として国王から指名され、各政党との連合交渉や組閣の任に当たる。これが事実上の首相(候補)である。

　しかし、これでできあがった(仮の)政府は、議会での施政方針演説を経て議会に信任されねばならない。主要政党間で施政方針案の合意形成が困難な場合などは、この作業を何度も繰り返し、組閣担当者が交替していくこともある。その場合、有力者が「誰が組閣担当者(首相候補者)にふさわしいか」を国王にアドバイスする役割を担う。これを「情報提供者(informateur)」とよぶ。いわば事前の根回し役である。

　ただしこれは法的に制度化されていない慣例であり、交渉が長引く場合は、次々と新しい役職(調停者、準組閣担当者等)が指名される場合もある。これらは名称は異なるが、なすべき仕事は実質的に情報提供者と同じであり、交渉者の間を仲介し合意形成を準備する。このプロセスの節目節目で、国王は報告、相談され、そして新しい調停役を任命する(松尾 2009)。

　さらにベルギーの場合、交渉の結果成立した仮の政権は、正式には上下院での所信表明演説を経て、その後の信任投票で過半数を獲

得する必要がある。

(2) ベルギーの選挙制度

政党や政党システムに注目する限り,選挙制度は大きな影響を及ぼす。以下,本書を読むに当たって,必要最小限の用語を説明する。

ベルギーは,非拘束名簿式比例代表制を採用する。つまり,有権者は政党にも,政党の名簿に挙げられた個人の政治家にも投票することができる。2007年当時,下院は150名を選出する。2002年以降の選挙改革で,全国は11の選挙区に分かれ,選挙区ごとにドント式で計算される。同時期の改革で,ほとんどの選挙区で得票率5％の阻止条項が定められており,小政党の乱立を防ぐ仕組みがある（2014年の改革以降の状況については後述する）。

(3) 政党システムの破片化の程度

多党制の場合,その政党数が多ければ多いほど,連立組み合わせの選択肢が増え,合意形成は時間を要する。またサルトーリが述べたように,破片化が穏健（有効政党数が3～5。かつイデオロギーの距離が近い）か,分極か（有効政党数が5以上で,イデオロギー距離が遠い）という点も,合意形成に影響を及ぼすと考えられるため,合

表3 ベルギー,ドイツ,フランスの政治制度と政権形成日数

		ベルギー	ドイツ	フランス
対象政権		ルテルム（第一次）	メルケル	フィヨン
政治制度	信任投票	要	不要	不要
	元首	国王	大統領	大統領（半大統領制）
	破片化	強	弱	中
政権形成の日数（約）		200日	60日	2日

出典:松尾 2010c

意形成には重要な変数となりうる（サルトーリ 2000）。破片化の程度については，現状ベルギーは，西欧でも最も破片化した国家であると言われる（Swenden and Jans 2006）。

以上の要因と政権形成までの日数を，ベルギー，ドイツ，フランスの近年の主要な政権について一覧にしたものが，表3である。ベルギーの場合，とくに国王が政権形成に介入する点は重要な点である。

以下ではカトリック勢力を中心にベルギーの主要政党について，歴史的経緯を説明する。

5　主要政党

ベルギーでは，1960年代後半以降，言語問題が政治化し，全国政党が消滅し，あらゆる政党が地域政党に分裂した。その経緯を整理したのが以下の図6である。なお，こうした分裂の過程で次々と小政党も派生してきたが，以下に示すのはカトリック政党（フランデレン，ワロン），自由党（フランデレン，ワロン），社会党（フランデレン，ワロン）の他に環境政党（フランデレン，ワロン）およびフランデレンとワロンの地域主義政党である。

(1) カトリック政党——巨大化と派閥化

ベルギー独立後まもなくして，自由主義者と社会主義者へ対抗するため，カトリック勢力は政党を結成したが，その後さらに教会は社会活動の拠点を設立し，活動の範囲を拡げていった。

1924年には保険や信用金庫，旅行会社，機関紙発行等を運用する生活協同組合が設立された。人びとは会員となって会費を払い，病気の時は疾病保険などから利益を得る。こうしてカトリック世界は，学校，青年会，壮年会，文化サークル，機関紙，労組，病院，

図6 ベルギー諸政党の近年の破片化

※ [W]はフランス・ワロン系,[V]はフランデレン系,[B]はブリュッセル・フランス語系

<カトリック系>

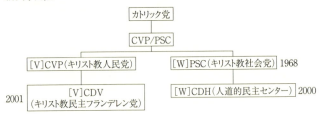

<社会系>

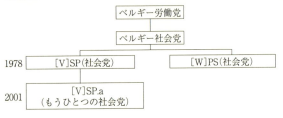

<自由系>

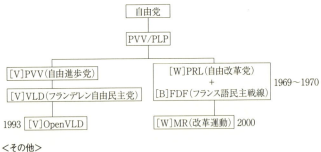

<その他>

・環境系

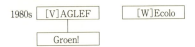

・地域主義

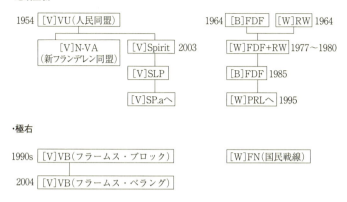

・極右

出典：筆者作成

疾病保険，銀行，生協を含み，市民生活を取り込んだ，あたかも「柱」のようになっていった（Kwanten 1987）。

しかし，こうした組織，活動の拡大は同時に派閥化を招くことになる。政党はこれらの下位組織を政治的に保護する役割を担っていたが，その党の意思決定自体が，実質的にこれらの下位組織から派生する派閥によって担われており，当時，ベルギー政治において「派閥は……政党自体よりも重要」（Irving 1979：71）だと言われていた。

第二次世界大戦の前には，おおよそブルジョワ（自由主義カトリック），労組（キリスト教民主主義），農民組合，そして自営業者団体が派閥（standen）化していった。派閥は個別の会議を開催し，さらにそれぞれの代表者の話し合いによって候補者名簿を構成し，大臣ポストを分け合った。党（執行部）の独立性は希薄なものだった。党の役割は，実際のところ新しい社会サービスが計画されたときにそれを分配して，様々な下位組織の利益を保護することにあった

(Dobbelaere 2010：286)。

 他方で,こうした国家資源の分配は派閥対立を生み出す原因にもなった。とくに第二次世界大戦の頃,ドイツ・ナチズムに影響されたフランデレン派と,それに対抗してベルギー愛国主義を高めたワロン派は一時分裂した。しかし戦後になると,その反省から党改革を進め,「CVP/PSC (Christelijke Volkspartij / Parti Social Chrétien. キリスト教人民党／キリスト教社会党)」という名称の統一組織になった。さらに戦時分裂の反省から派閥対立を解消するため,1945年以降,党は直接党員をリクルートするようになる。

 柱の拡大と派閥化という両義性を抱えてはいるものの,当時のカトリック党は一大勢力としてベルギー政治の中心にあった。1950年代はその頂点であったといわれる。

 また,この当時(1945年)からベルギーのCVP/PSCが打ち出していたイデオロギーが,個人と社会との実存的結合を謳った「人格主義」である。「人格主義」とはフランスのカトリック思想家マリタンなどによってまとめられた戦後キリスト教民主主義思想の中核をなす用語である。原罪を抱える人間は,超越者(神)との関係形成によって「全き存在」となりうる。すなわち「人格主義」とは,人間の原初的共同体としての家族,共同体の形成を通じた「人格」の成長を謳う。単なる個人主義とも全体主義とも異なり,個人と社会の相互作用的な結合を是とし,具体的な政策面では家族政策を重視するものである。

 さらに1950年代にベルギー政治を席巻した学校紛争において,CVP/PSCはカトリック信者の市民生活を保護するため,ブリュッセルで20,000人のデモを動員した(Dobbelaere 1979：51-52)。この動員の際,党は下位組織を選挙での集票組織として必要なものとみなし,党の意思決定に対する下位組織の(非公式な)介入を許容し

た。そのため,「派閥は選挙の候補者リスト,議会や政府(大臣)のノミネートについて主張することができた」(Van Haute 2011:58-59) のである。その結果,カトリック党は次の選挙で勝利し,学校紛争を終結させる主導的役割を担った[15]。

　以上のように,第二次世界大戦後,CVP/PSC はベルギー最大の政党としてベルギーの民主化,近代化の中心にあった。

　その地位が揺らぎ始めるのは 1960 年代である。第二次世界大戦以降「世俗化」(礼拝出席者の減少) が進行した。アメリカの自由主義神学の影響を受け 1963 年に刊行されたロビンソンの『神に正直に (Honest to God)』は,原罪を抱えるはずの人間性の可能性を指摘して,論争を巻き起こした。さらに大きな影響を及ぼしたのは第二バチカン公会議 (1962 〜 65 年) である。新しいカトリック神学が模索され,教会と社会の関係が見直された。

　これらをきっかけに主に 1960 年代末から 1970 年代にかけて,カトリック世界ではカリスマ運動と呼ばれる職制の刷新運動が広がった。この運動は各国で様々な展開をみせたが,ベルギーにおいては聖職者の結婚を認める運動として展開され,保守的な上層部から「異端」扱いされた多くの聖職者がカトリック教会を追われ,その職を辞した (Chadwick 1992)。

　人間の自由な意思をどの程度認めるかという論争は,さらに同時

---

15) 学校紛争とは,カトリック勢力と非教権主義勢力 (具体的には自由党と社会党) との政治的対立である (19 ページ参照)。党成立後,ベルギーにおいてはカトリック系私立学校に国庫から多く助成金が配分されてきた。第二次世界大戦後,ベビーブームで誕生した世代が学校に進学するにつれ,貧しい労働者の子弟が私立に進学することができず,公立学校の充実が求められた。その結果,非教権主義勢力が 1954 年に政権に就いて,非教権主義的政策を進めた。それに対して 1958 年にカトリック党は動員をかけ,カトリック単独政権が成立し,学費を,私公立を問わず国庫から補助することになった。詳しくは松尾 (2010b) を参照されたい。

期開催されたベルギーのカトリック公会議で「カトリック学校の存在意義」がテーマにされるなど,カトリックが本来提供すべきサービスに関する議論を巻き起こした (Dobbelaere *et al.* 1977)。礼拝出席者はこの時期から減少し始める。1967年には定期的な礼拝出席者は43%であったのに対し,1973年には37%,さらに1998年には11%に低下している (Voyé et Dobbelaere 2001:149)。これは下位組織としての教会を組織力,資金面で直撃することとなる。

繰り返すが,この礼拝出席の低下は先の職制や教義をめぐる論争が影響していると考えられる。同時期ではない調査だが,あるアンケートによれば,1987年には77%の人が「信仰はある」と回答している。しかし「何を信じているのか」という問いに対して,このうち半数が「神」ではなく,「霊」や「生活」「何かわからないもの」と回答している (Voyé et Dobbelaere 2001:155)[16]。カトリック教会が明確な礼拝メッセージを喪失したことを含意しよう。

その後,さらに大きな問題に党は直面した。これはベルギー固有の問題である。1958年に政権に就いた(分裂前の)CVP/PSCは,先の学校協定の締結後,言語境界線やブリュッセル首都圏(両語圏)の確定をめぐる問題に揺れた。この過程では,社会党を離れワロン運動を組織したルナール,さらにはワロン連合(Rassemblement Wallon)を組織したペランなどによって,既成政党は地域主義政党へと分裂していく。カトリック党(CVP/PSC)もルーヴェン大学紛争において,1968年にはCVP(フランデレン・カトリック党)とPSC(ワロン・カトリック党)とに分裂する。こうした党の分裂と派閥対立は決して無関係ではなく,この時期以降,党にとって下位組織は派閥対立の元凶であり,その克服,党の自律性が求められ

---

16) 1999年には「信仰している」と回答した人も65%にダウンしている。

ていくことになる[17]。

　その後1970年代にとくにフランデレン・カトリック党は支持を持ち直す。これは,「新世代のレオ・ティンデマンス,ウィルフリード・マルテンスを立てて,党は1970年代の選挙に次から次へと勝利した」とあるとおり,分権化改革が進むなかで「連邦主義」を掲げた新しいリーダーの人気に負うところが大きかった（CDV HP）。

　しかし1980年代になると,カトリック政党はともに支持を減らし続けた。たとえば,ミサイル配置問題（1984年）をめぐってベルギー政治は混乱した（CVP HP）。つまり反体制（反核,平和運動を含む）運動のターゲットとして,与党であり続けたカトリック両党は批判された。また経済不況にも苦しめられた。下位組織のなかで旅行部門や出版部門などレジャー部門を統合せざるをえなくなり,国有化されていく（Van Haute 2012：8）。

　当時,共済組合員の36%,労働組合員の46%のみがCVPに投票するにとどまり,環境政党や社会主義政党にシンパシーを感じると回答する組合員も存在した（Billiet 2002）。こうした下位組織の党に対する支持の低下が背景となって,党は1990年代以降抜本的な党改革に着手することになる。集票組織として機能しなくなったのであれば,下位組織は党にとって派閥政治の元凶でしかなかった[18]。

---

17) 筆者はかつて1960年代のCVP/PSCにおいてカトリック労働組合系派閥とブルジョア系派閥との間でポスト獲得をめぐる激しい対立があったことを明らかにした（松尾 2010b）。すなわち言語問題は確かに重大かつ解決困難な問題ではあったが,他方でCVP/PSCは,党内でポストをめぐって派閥対立を繰り返していた。その対立のために離党者を数多く生み,言語問題の対処に遅れ,1968年の地域政党への分裂を余儀なくされたのである。カトリック教会当局もその対立を克服できなかった。

18) ただし,この時期のフランデレン・カトリック党は,先の「人格主義」から大きく乖離はしていない（Congrès CVP 1986）。分裂し支持も低下したが,与党であることは変わらず,「人格主義」というイデオロギーを見直すにはいたらなかった。

ここまでの歴史を概観するに，カトリックの政治とは，福祉供給によって成立したことが理解できる。それゆえカトリックの政治は「クライエンティリズムに依拠した」（Dobbelaere 2010：283）といわれるのである。換言すれば，カトリックの政治とは互恵によって成立する，ある意味偏狭な「村社会の政治（village politics）」（Warmenbol 2009：203）でもあった。それはとくにフランデレンの農村部を古くからの地盤とするCVPに一定の選挙パフォーマンスを担保したが，同時に派閥対立も生み出した。カトリック権威の衰退を背景に，派閥対立によって党勢が低下していったCVPは，その克服のために党改革を実施することになったのである。この党改革が，分裂危機の重要な背景となるわけであるが，それは章を改めて記すことにしたい。

(2) 他の政党——社会党と自由党

　ベルギーにおける社会主義政党の登場は1885年である。結党当時は「ベルギー労働党」と名乗っていたが，前述のとおり，戦間期のド・マンによる改革により「ベルギー社会党」として再編された。第二次世界大戦後，カトリックに次ぐ政党として，たびたび政権に加わるようになった。とくに炭鉱業の発達したワロンでの支持は強く，ワロンの利益は社会党が代弁してきたと言っていい。

　やはり1960年代末の言語問題の影響を受けて，社会党も二つの地域政党に分裂する。ただし，他の二つの政党と比べれば分裂は遅く，ベルギーの連邦化が進む過程で，全国政党を維持することがもはや「時代遅れ」になったとの判断が党にはあった（松尾 2010b）。内的対立によるというよりも，分権化改革が進むなかでの戦略的分裂であった側面もある。前述のルナールのストライキという問題は生じたが，この時期他の既成政党と比べて，地域主義の影響は弱い。

ワロン，フランデレンの両社会党は1990年代の「アウグスタ・スキャンダル」で揺れた。これはイタリアのヘリコプター・メーカー，アウグスタ社から党に賄賂が回っていたことが発覚した事件である。しかし，当時から社会党は自由党の新自由主義的政策に対抗して「福祉」「連帯」を訴え続け，一定の支持を得てきた。

　なお，やや先んじて記しておけば，2007年にはいったんワロン第一党の座を自由党（MR. Mouvement Réformateur. 改革運動）に受け渡した後，「ベルギー統一維持」を打ち出していく。言い換えれば，「フランデレンとワロンの連帯」を強調した。これは当時自由党が「小さな政府」と「分権化」を掲げたことへの対抗戦略であるが，これによってワロンでの支持を回復して，後述するように，2010年の選挙と政治空白後，ルビュルトン政権以来およそ40年ぶりに社会党からディ・ルポが首相になった。

　最後に自由党である。最も早くカトリックによる学校教育の独占に対抗し，公教育の拡充を主張し，政党を結成したのが自由党である。当時自由党は反教権主義を前面に押し出す姿勢を採っていた。しかし1884年のカトリック党の結成とともに政権を追われ，こうした状況を改善するために反教権主義政策中心の政党から経済的自由の擁護を第一に訴える政党への改革が進んだのは，戦後の1950年代以降であった。その結果，キリスト教，社会両勢力に肉薄し，1960年代の両党の統治能力を減じることになった。

　さらに1980年代には新自由主義的政策を掲げ連立政権に加わることもあったが，当時のベルギーでは受け入れられず，逆に批判され，キリスト教，社会両党をしのぐ勢力にはならなかった。この不利を克服しようとしてヴェルホフスタットが中心となり，抜本的な党改革を進めた。このときの自由党の改革は，後にも見るように，カトリック勢力や社会党の基盤を揺るがす一因となっている。これ

も詳しくは章を改めて論じることにしたい。

　ベルギーの主要政党は以上のキリスト教政党,社会党,自由党である（それぞれフランデレンとワロンに分かれる）が,それ以外に近年のベルギー政党政治に影響している政党として,フランデレンの地域主義政党がある。以下で,その発展を見よう。

(3) ベルギーの地域主義政党の系譜[19]

人民同盟

　ベルギーのフランデレン主義運動の歴史は古いが,こんにちまで影響を及ぼしている政党の起源として,まず人民同盟（Volksunie. 以下 VU）を挙げることができる。VU は第一次世界大戦中の国民戦線（Frontpartij）を母体とし,1937 年に親ファシズム的なフランデレン民族組合（Vlaams Nationaal Verbond）へ成長する。しかし第二次世界大戦が終わると,この政党は,ベルギーを占領したドイツ・ファシズムと同一視され,支持されなかった。その後その残党から 1954 年に比較的穏健な連邦主義を掲げた VU が結成された。

　VU が国政に進出したのは 1961 年である。その後 VU は言語紛

---

19) 本書では,とくに N-VA について注目したい。もちろん VB は極右ポピュリスト政党として研究対象にされてきた。たとえばデスハウアーは,VB についてその特徴を以下のように整理している。第一に,VB の国政選挙における成功のタイミングが 1991 年であり,VU の政権参加（1977 年）に対して反発した有権者を取り込めているわけではない（つまり確固たる支持組織をもたない）,第二に VB のイデオロギーが結局のところ「移民排斥」であり,国家改革といった本質的な課題を軽視している,また防疫線協定により「万年野党」であること,さらにベルギーでは唯一反 EU を掲げていること,である。これらを理由に,彼は VB を「ポピュリストにすぎない」と論じる（Deschouwer 2009b：572-574）。他に VB の支持研究では,たとえば反同性愛,反中絶,反安楽死の立場を採る保守層が自由党の新自由主義的政策に反発したとするもの（Mudde 2000）があるが,2009 年以降の急落を前提にして,現在のベルギー政治研究では VB をポピュリストとして位置づけるのが一般的である。

争が高まった 1965 年から 1968 年に得票率を伸ばし，1971 年にはおおよそ 19% を獲得している。ベルギーの比較政治学者であるデスハウアーによれば，VU は当時 CVP からリーダーと支持者を得ていた (Deschouwer 2009b：563-564)[20]。

1968 年の選挙を経て 1970 年から連邦化改革が始まると，既成政党であるカトリック政党 (CVP および PSC)，社会党 (SP および PS) だけでは改憲議席に届かないため，VU は 1977 年に政権に加わっている。これはベルギーが連邦制を導入する歴史的分水嶺となったエフモント協定 (1977 年) の成立に結びつく[21]。しかし同時に，連邦化という目的をほぼ達成した VU は，「連邦主義」以外の新しい政策を模索し始め，「民主主義」，「環境」などを掲げようとする動きも党内で活発になる (De Winter 1998)。

新しい方向性を模索するなかで党内対立が生じて，VU は 1978 年の国政選挙で得票率を低下させることになる (Deschouwer 2009b：564, Van Haute 2011b：215)。1980 年代には Ecolo を中心とした環境政党が台頭した。これによって VU は脱物質主義的政策を掲げることができなくなる。そのため得票率は改善されなかった。さらに党内では新自由主義的経済政策を掲げるかどうかをめぐって

---

20) たとえば「〔当時の首相だったカトリック党の〕エイスケンスは VU の協力の下，次々と法案を可決した」(Fizmaurice 1996：49) といわれる。しかし筆者は，エイスケンスが当時の VU のリーダーであるヴァン・デル・エルストの大学時代の恩師であり，それのコネクションで議会行動をともにしていたことを明らかにしている。当時の VU の支持者はフランデレン主義の活動家ではあったが，ファシズムと同一視されていたため，穏健な文化団体が中心であった。まだ地域主義政党の議会行動は，支持組織 (運動) よりも個人的なネットワークによって左右されていた (松尾 2010b：68)。

21) ただしエフモント協定は，協定成立後議会において再び議論され，すぐには憲法改正につながらなかった。エフモント協定の内容が実際の憲法に反映されたのは (一部を除き) 1980 年である。詳しくは松尾 2014 を参照のこと。

対立が生じた。その間に、フランデレン自由党が先んじて新自由主義的政策を掲げ、出遅れた VU の支持率は一桁台に低迷し、当時の VU 執行部は自由党へと離党することになる（Deschouwer 2009b：564）。

1990 年代になると、ベルギーの主要政党は、より急進的なフランデレンの分離主義者が結成した極右政党 VB（フラームス・ブロック）を政権から排除するため（後述），VU をフランデレン地域政府に加えるようになる。これによって VU は、フランデレン地域政府では与党であるが、ベルギー連邦政府では野党であるという状況に陥る。こうした立場の相違は VU 党内でのフランデレン主義の急進派と穏健派との対立を生み、この党内対立により VU は 2003 年に分裂する（Deschouwer 2009b：564-567）。

フラームス・ブロックからフラームス・ベラングへ

VU が党内対立と得票率低下に苦しむ間、フランデレンではフラームス・ブロック（VB）が台頭した。しばしば「極右」「右派ポピュリスト」と形容される VB は、先の人民同盟（VU）の与党参加とエフモント協定における妥協[22]（1977 年）に反発した、フランデレンの自治ないし独立を求める急進派によって結成された（Deschouwer 2009b：572）。ただし当時の VB の支持率は 1～2％にすぎなかった。

その後、高校時代からフランデレン学生運動を率いてきたデウィンテルが党首となり、VB は「移民排斥」を掲げて選挙を戦う。こ

---

22) エフモント協定は確かに連邦制導入を決める重要な分水嶺であったが、他方でフランデレンの一層の自治、独立を主唱するグループから、VU はワロンと妥協したにすぎないという批判もあった。

れはフランスの国民戦線（Front National）をまねたとされる。1978年には「わが国民を第一に（"Eigen volk eerst!"）」をキャンペーンで掲げて国政に進出する。当時デウィンテルはルペン主義者と呼ばれていた（Coffé 2005a：76）。

しかしその後VBは，自らの政策を「移民排斥」に重きをおくか，それとも「国家改革（フランデレン独立）」に重きをおくかをめぐる党内対立に苛まされることになる。結局，選挙で票を獲得しやすい「移民排斥」を重視したVBは，1991年の選挙で10.3％（とくに外国人居住者の多いアントウェルペンで25％）を獲得し，12議席を得る（黒の日曜日）（Deschouwer 2009b：574）。

後述するように，これがベルギー政治の動揺の発端だった。これによって，他のベルギーの政党は何らかの戦略転換を余儀なくされる。同時にベルギーでは，移民の人権を擁護する各種人権団体が設立され，1994年には他の政党が一切VBとは（政権，選挙を問わず）連携しないとする，「防疫線協定（cordon sanitaire）」を結ぶ動きに出た（Damen 2001）。

これに対抗して，VBは党の名称をVlaams BlokからVlaams Belang（フラームス・ベラング，「フランデレンの利益」の意）へと変更し，さらにあからさまな人権侵害を前面には出さず，それでも移民排斥とフランデレン独立を訴え，2003年には18％（18議席）を獲得し，さらに2004年（地域議会選挙）にはフランデレン選挙区で24％を獲得する。しかし防疫線協定のためフラームス・ベラング（VB）が政権に加わることはなかった。

その後VBは，2009年の地域議会選挙キャンペーンで「あなたの年金はどこにある？　ムハンマドのポケットに！（"Waar is de poen van uw pensioen? In de pocket van Mohammed!"）」と間接的にイスラム移民を批判するメッセージを掲げるが，2009年には15％，

2010年は12％，そして2012年の統一地方選では10％（前回比 −23％）と，影響力は無視できないものの，低迷し始めている。

そして新フランデレン同盟へ

VBが低迷すると同時に台頭してきたのが，先の旧VUの急進派，新フランデレン同盟（Nieuw-Vlaamse Alliantie. N-VA）である。結成当初は，フランデレンの将来的な独立を視野に入れた国家改革（フランデレンの自治拡大）を主張していたが，結成して間もない2003年の選挙では1議席しか獲得できなかった。

しかし，2004年の地域議会選挙時に当時野党であったCDV（フランデレン・カトリック党）と選挙カルテルを結成し，さらに2007年の連邦議会選挙ではあわせて30議席を獲得して第一党となった。その後，半年の政治空白が生じたことは前述のとおりである。交渉の結果N-VAは，政権に加わったフランデレン・カトリック党との連携関係を断ち，野党となる途を選択する[23]。

そして2010年の選挙では，単独で27議席を獲得し第一党となる。その後約1年半もの交渉を経て，N-VAは再び連邦政府に加わらないことを選択し，他方でフランデレン地域議会において与党の地位にある。さらに，2012年の地方統一選で躍進し，党首デ・ウェヴェールは，ベルギー第二の大都市アントウェルペン市の市長に当選し，2014年の選挙でも圧勝し第一党となるなど，その支持は根強いものがある。

N-VAの台頭が一連の分裂危機の要因であることは否定しがたい。

---

23) 当初は閣外協力を表明していたが，半年後，国家改革が進まないため，それを撤回した。なお，2009年の地域議会選挙ではフランデレン地域議会政府に加わっている。

それを踏まえつつ,以下では,近年のベルギー政治の動向に関する先行研究を整理し,本書の分析枠組みを検討する。

第2章

どのように交渉過程を分析するか

小便小僧 (Myrabella/Wikimedia Commons/CC-BY-SA)

　ベルギー分裂危機はなぜ生じたのだろうか。それを考察するための分析方法を以下で検討する。まず先行研究を整理し，それらがいずれも決定論に陥っていると批判する。そこから連立交渉過程自体を分析する必要があることを主張し，動的な交渉過程を分析するための枠組み，および連邦制導入の効果を評価する枠組みを検討する。

1 先行研究の検討

　先に述べたとおり，2007年の分裂危機にせよ2010年以降のベルギー政治危機にせよ，これらの危機は，言語問題を解決するための連邦化導入以降の出来事である。そうであれば，ベルギーの連邦制に何らかの問題があったのではないか。そこで，以下では，「連邦制の効果」に関する近年の研究動向を整理する。

(1)「連邦制の効果」に注目する研究

　かつてライカーは，連邦制が登場するのは，ある国が外敵からの侵略を防ぐために，個別に州や地域が外敵に対抗するよりは，脅威を受ける地域全体が結集して安全保障をはかろうとする結果であると説明し，「ひとつの政府の下で広大な領域を統合する手法として……帝国のオルタナティヴ〔な手段〕」である（Riker 1964：5）と評価していた。

　こうした評価がアメリカを前提にしたものであることは明らかであるが，他方で連邦制度は，ベルギーのような多民族・多言語国家の統治手法としても，きわめて効果的であると考えられてきた。たとえばオランダの政治学者であるレイプハルトは，多民族で構成される多元社会がしばしば連邦制度形態を採ると論じている。彼は，連邦制の導入によって「政治的な境界〔連邦構成体の地理的境界線〕が社会的境界線〔民族の地理的境界線〕に近い形で設定されれば，連邦レベルでの異質性はその構成単位レベルの高い同質性に転化できる。つまり，……比較的同質性の高い小規模の単位を作ることによって，その単位内での社会的多元性を減少させることができる」（レイプハルト 2005：155）ため，民族間対立を解消できると主

張している。

　また近年積極的に連邦制研究を進めているスウェンデンは,政府権力の分有と諸グループの自治権,かつこれらのグループの相互チェック機能を有することによって,連邦制が民族紛争を回避できると主張する（スウェンデン 2010：354）。つまり連邦制が,分権化を進めることで各構成体内における民族の同質性を高め,「分権化の促進と保護」を目的とする制度（レイプハルト 2005：3）であることを根拠にして,多民族国家を平和裏に統治しうると考えられているわけである[1]。

　このように連邦制は,多民族社会を有する国家に効果的な統治制度であると長く考えられてきた。しかし,フィリッポフによれば,実は1980年以降,ヨーロッパの7つの連邦制国家のうち3つ（チェコスロヴァキア,ユーゴスラヴィア,ソ連）は消滅した。またカナダはケベックの問題を抱え続けている。ベルギーは分裂危機を経験した。さらにソ連崩壊後のロシアの連邦制は「民主的連邦制とは言い難い」（Filippov *et al.* 2004：ix）。またローダーによれば,過去存在したオーストリア＝ハンガリーを含む,多民族連邦国家18国のうち,現存しているのは半数だけである（Roeder 2010：15）[2]。すなわち多民族国家の統治制度として分権化,連邦制の採用が適しているかどうかが疑問視されてきたのである。

---

1) 管見だが,こうした制度設計ないし憲法工学によって民族紛争を解消しようとする試みは,少なくとも1970年代の,すなわちレイプハルトが「多極共存型民主主義」モデルを提唱した当時の（比較）政治学の主流の手法であった。つまりこの当時,アクターの行動に対する制度の影響をみるといった新制度論的手法はまだ十分に流布していなかった。
2) カナダ,パキスタン,インド,ナイジェリア,タンザニア,スペイン,ロシア,ボスニア,ベルギー。なお,ローダーはドイツ,スイス,オーストリアを多民族連邦国家に含めていない。

もう少し詳しく述べれば，冷戦終結以降のロシア，東欧諸国の政治変動等については，「連邦主義なき連邦制」(federation without federalism. たとえば King 1982)，「非対称な連邦制」(asymmetrical federalism. たとえば溝口 2012) と呼ばれる研究が進んだ。これらはいずれも，これらの国家が採用した連邦制度には「何らかの欠陥がある」と指摘する研究であったと言える。

　しかし，東欧圏に限らずカナダ，ベルギー，スペインなど多くの先進諸国においても多民族国家における構成民族の分離問題が顕在化するに至り，近年ではそもそも多民族国家に連邦制を導入することに意味があるのかという問いが提示されるようになってきたわけである。先の「連邦主義なき連邦制」や「非対称な連邦制」の論者は，連邦制度は本来効果的であることを所与とし，不具合を生じた東欧，ロシアの事例を例外事例として扱い検討するのに対して，後者は「連邦制の効果」自体に疑義を提起する点で異なっている。

　そして，後者の，連邦制（の導入）自体に問題があるのではないか，とする一連の研究が「連邦制の逆説 (federal paradox / the paradox of the federalism)」研究と呼ばれる。そして，これらの「連邦制の逆説」研究が近年急増し，比較政治学における「成長産業」(Erk and Swenden 2010：1) と呼ばれるに至っている[3]。節を改め，

---

3) 前提として，ここでの「成長産業」としての連邦制研究の範疇に，アメリカが含まれていないことには留意されたい。キムリッカは以下のように述べる。「ジョン・ジェイは The Federalist Papers において『神は一つに結び付けられた国民に，喜んでこの接合された国家を与え賜うた。同じ祖先から血を受け継ぎ，同じ言葉を話し，同じ信仰を告白し，同じ統治原理を共有し，道徳や慣習も同様である国民に』と述べている。ジェイは民族・文化的同質性を強調し，明らかに黒人を無視している」(Kymlicka 1998：124)。すなわち，キムリッカによれば，アメリカ連邦制度はここで取り上げている「多民族」を前提として形成された連邦国家とは異なるのである。

もう少し説明することにしたい。

(2) 連邦制の逆説

近年の多民族連邦国家に生じた政治的不安定を受け,「〔多民族によって〕構成される……国家において……権限移譲していくことの効果が長く議論」されるようになった (Keating 2001：109)。すなわち多民族国家は構成体 (地域・民族) 間の対立を避けるためにしばしば連邦政府 (中央政府) から構成体政府に権限を移譲・分権化していく傾向にあるが, 果たしてそれは政治的な安定を担保する効果的な策なのだろうかという疑問が提示され, 議論されるようになった。

この点につき, まず連邦制の効果をポジティヴに評価するものとして, 先のレイプハルト (Lijphart 1977) やホロヴィッツ (Horowitz 1985) の成果が挙げられる。彼らの間には選挙制度の手法をめぐって論争があるが, 概して連邦制や分権化は, 民族マイノリティが集中した地域の要求・要望を平和裏に調和させる有効な手段であるとする点で根は同じである。

同様に, 一定条件の下で連邦制は「連邦化の過程で民族の自己統治を認める程度に応じて, 主権獲得の要求は減じられるはず」(Hechter 2000：142-143), 連邦制が多民族国家におけるエスニック＝文化集団間関係を調和することができ, 分離に対する欲求を減じる (O'Leary 2001：288) と主張するもの, またエルクは, かつて多民族国家における連邦化導入の過程を「多元的な社会構造に政治制度が調和するためのプロセス」(Erk 2008：1) と定義し, 最終的に調和と政治的安定が付与されることを示唆していた。

他方で, 古くはキムリッカが「〔民族性にもとづく構成体 (nationality-based unit) を含む連邦国家の場合〕エスニック集団の分割を

制度化することによって,〔エスニック集団が〕巨大な国家に含まれていることは暫定的であり……〔自分たちは〕固有の自己統治の権利をもつ別者であるという主張や信念を正統化する」(Kymlicka 1998：140) と述べて,連邦制（導入）が国家分裂（secession）を導く可能性を指摘していた。また,たとえばコーネルは「地域の自律を制度化することでは,エスニック集団間の和平や協調に結びつかないかもしれない。むしろエスニック集団の動員を促進し,分離主義を高め,場合によっては軍事紛争にまで発展するかもしれない」(Cornell 2002：247) と危惧しており,さらに近年においてキャメロンも「少なくとも短期的には,連邦制の制度構造は,ある国家が分裂に直面するかどうかを読み解くためには二義的な意味しかもたない。……しかし長期的に見れば確かなことは言えない」(Cameron 2010：116) と,その効果を疑問視している。

　以上のような研究のうち,後者,すなわちカナダのケベック問題,そして消滅したソ連,ユーゴスラヴィア,チェコスロヴァキアなどを例として,連邦国家が分裂ないしその危機に陥る可能性（ネガティヴな効果）を重視する研究が,近年一般に「連邦制の逆説」(Erk and Anderson 2010) と呼ばれている。

　ただしこれらの連邦制の効果に関する研究に一定の解答が与えられているわけではなく,扱う事例に応じて主張は多様である。本書ももちろんベルギー一国の事例研究にすぎないが,それを連邦制の効果という視点で分析することで,より大きな文脈での「多民族国家の場合,連邦制は効果的な統治制度か」(Erk and Swenden 2010：7) という問いに何らかを還元し,何らかの貢献ができないだろうか。本書が一国研究を越えて意図する問題点はこの点である。

　ここで注意したいのは,「連邦制の逆説」研究の系譜を見ているからといって,筆者は「連邦制が逆説的効果を有する」と結論づけ

第2章　どのように交渉過程を分析するか　63

たいわけではない，ということである。多民族国家における連邦制の効果を全面的に否定してしまえば，多民族国家は悲惨な民族浄化を経るしかないと結論づけることになるだろう。実際にベルギーは二度の「分裂危機」を克服した。「逆説」研究が一面的に「逆説」だけを実証しようとするのであれば，それはベルギーの事実を一面的にしか説明しない。

むしろ，たとえば正躰が指摘するように，ベルギー一国だけを取り上げたとしても，連邦制の内部では「分離」に向かう遠心的な力学と「統合」に向かう求心的な力学が交錯するはずである（正躰 2013）。つまり連邦制がネガティヴな効果を派生させてしまう場合，そこにどのような問題があるのかを明らかにしたいのである。

以上のような思いは，そのまま「逆説」研究に対する批判に通じる。連邦制とはそもそも「交渉過程」として動的に定義されるべきである。そうであれば，連邦制が生み出す交錯する力学の下で，アクターがどのような影響を受け，どのように行動するかを検討する必要があるだろう。

では，いかなる分析枠組みを想定することが可能だろうか。連邦制研究の発端は，アメリカ連邦制の成立史研究等[4]を除けば，まずはその定義をめぐる研究から始まったと言える。北川将之が簡潔に整理しているように，これは，フェアに代表される，「連邦（federation）」と「国家連合（confederation）」，「主権国家」の区分をめぐる議論である（Wheare 1946）。しかし，おそらくこうした定義の難しさのゆえに，連邦制をめぐる研究はせいぜい類型論に留まっていたといえる。たとえばライカーは，前述のように，連邦制を，税収効

---

4) たとえば，近年のものであれば，Lambert, Frank (2003) *The Founding Fathers and the Place of Religion in America*, Princeton：Princeton U.P.

率と軍事増強のための「連邦政府リーダーと連邦構成政府との交渉〔過程〕」と解釈し，政党（システム）の様態と国政の安定／不安定との相関を類型化し，連邦制の効果についての研究に着手していた（Riker 1964：86-136）。

しかしこのライカーにしても，後に「……契約が成立したのち，連邦制は独自の途を歩む。……この多様性のために，連邦制の運用過程を一般化することは不可能であろう。連邦制の起源については，部分的に検証可能な理論を構築することができるが，形成されたのち，連邦制の将来に関する理論を構築できるとは思わない。おそらく我々がなしうるのは，……連邦制の運用の類型を作り出すことぐらいであろう」（Riker 1975：131）と述べ，類型論以上の比較分析，連邦制の効果をめぐる分析には立ち入らなかった（北川 2000）。

もちろんこうした類型化研究を旧来型の比較研究と評したとしても，それをフェアやライカー個人の責に帰するべきではない。むしろこうした類型化研究がその後の研究の土台となっており，また今なお続く重要な研究であることを認識しておく必要があろう（たとえば Swenden 2006；Anderson 2010）。

しかしながら，他方で，ここ数年の間新しい研究が大量に生産されていることに目を向けねばなるまい。こうした研究が増加している背景には，先に述べたような多民族連邦国家の動揺という事実に加えて，EU を単一の巨大な連邦国家とみなして，その多層的ガバナンス（multi-level governance）とその効果に注目する研究が増加していること（Hooghe and Marks 2001；Sabel and Zeitlin 2005），さらには比較政治学の手法が進展し，その対象として連邦制度が取り上げられるという「サプライ・サイドの要求」もあった（Erk and Swenden 2010：2-6）。たとえば，分権化によるマイノリティの権利保護制度を評価する「（旧）制度論的分析」（Amoretti and Bermeo

2004)を経て,以下に紹介するような,一国研究に留まらない計量分析,新制度論的分析が登場するに至っている。

こうした新しい連邦制の効果をめぐる比較研究は,方法論のうえで大きく「アクター分析」と「新制度論的分析」に分類することができる。前者は政党の行動ないし政党システムの様態が連邦制の「安定」に与える因果的影響を検討する (Burgess *et al.* 1993;Filippov *et al.* 2004)。また後者は,逆に連邦制度の進展が政党配置に与える影響を比較・検討するもの (Detterbeck and Hepbrun 2010) や,選挙制度の相違が分離主義政党の台頭に影響することを明らかにしたもの (Sorens 2010:76-77) などがあり,いずれも多民族連邦国家の危険性(連邦制の逆説)を指摘する。

ただし,こうした近年の比較政治学的手法を用いた「逆説」研究は,ベルギー(の分裂危機)については楽観的である[5]。根本的な問題は,比較研究の事例として,たとえ2007年の分裂危機でさえも現状では情報量が不十分で,比較分析の対象として取り上げるには時期尚早であったという点,さらに,いかんせん悲しいかな,2010年以降の長期の政治空白によって,実証的研究ができない手詰まり状態のままであった,という点にあろう。

ただし,個別研究の範疇ならば,2007年の分裂危機後,ベルギー研究が徐々に増えてきており,これらの個別研究を考察することを通じて比較可能な枠組みを考えることは可能かもしれない。そもそも現状の「逆説」研究は,新しい比較手法を用いる点で斬新ではあるが,「逆説」を主張することが中心的な論点であり,「合意」の

---

5) たとえば Roeder 2010:24 は,ベルギーが2007年選挙以降の分裂危機を乗り越えられたのは,連邦政府自体がもう重要でなくなったからだと述べており,「分裂危機を乗り越えた」としている点で,すなわち2010年以降の政治危機を考慮できなかった点で,楽観的と言わざるをえない。

要因について放置していた点で一面的であった。連邦制度の何が問題なのか，なぜ「逆説」が生じるのかという点まで十分には踏み込めていない。もう少し一国の事例（in-depth）研究がなすべき仕事もあろう。よって，近年の連邦制比較研究の動向を念頭に置きながら，かつ執筆時点で筆者が入手可能な資料を用いて分析できる枠組みを模索したい。以下ではベルギーの近年の政治動向に対する研究を検討する。

(3) ベルギー分裂危機を扱う研究

2007年6月10日の総選挙以降，フランデレンとワロン諸政党の政権合意形成がなされず約半年の政治空白が生じ，「ベルギー分裂危機」が騒がれた。まず，その要因を，とくにベルギーの連邦制と絡めて解いたものとして，第一にマイノリティの拒否権（ベルギー憲法第54条の「アラーム・ベル手続き」）を挙げる成果がある（Hooghe 2004）。法案審議の最中にアラーム・ベルが発動されれば（アラーム・ベルについて詳しくは17ページを参照のこと），30日の熟慮期間が設けられる。すなわち議論は長引く。

こうした拒否権は，マイノリティの権利を保護するためのものであり「多極共存型（ないし合意型）民主主義」「多極共存型連邦制」の特徴である（Lijphart 1977）。かつてリーズベット・ホーハは，このような少数者保護装置が，まさに少数者を保護することのゆえに政治的安定を担保するとして評価していた（Hooghe 2004：77-80）。しかし，実際の政権形成交渉においては，少数派（ワロン）がこれを発動することによって交渉が長引いた面もある（Béland and Lecours 2007；Van Haute 2007；松尾 2011）。つまり分裂危機の制度上の遠因である。この点は現在のベルギー（分裂危機）研究の水準からみて異論はないと思われる。

ただし，より詳細に見ていくと，本書が扱う長期の交渉期間のなかで「アラーム・ベル」が発動されたのは 2007 年以降の交渉において一度きりである。「拒否権」の存在だけでは複数にわたる長期の空白は説明できない。

　以上のような限界もあって，ベルギー分裂危機を取り上げる研究は，主にアクター，とくに主要アクターの「地域主義化」を論じる場合が多い。具体的には，新フランデレン同盟（N-VA）が台頭した理由を説明するもの，そして，本当に政党が地域主義化したのかとの問いを立て，長期的ないし一時的にマニフェスト（テキスト）分析を行った成果が多くみられる。

　N-VA の台頭について見てみると，たとえばカントは，N-VA がフランデレン・カトリック党とのカルテルを解消した後，政策の一貫性がなく組織的支持も明確ではないとして，その台頭は一時的な現象であると評価している（Cantò 2012）。カントに従えば，N-VA はしっかりした支持基盤を有せず，その台頭は，フランデレン・カトリック党とのカルテルに負う。

　またパウエルスは，2007 年の選挙で極右政党フラームス・ベラング（VB）に投票した人のうち，2009 年にも同党に投票し続けた人は 61 % しかおらず，そのうち N-VA に 15 %，LDD（Lijst Dedecker. デデッケルのリスト。フランデレン自由党からの離党議員が中心となって結成された保守政党）に 8 % 逃げていることを明らかにした（Pauwels 2011：71 table 1）。そして，防疫線協定によって VB が「万年野党」化したことにより，2009 年選挙では「より良いパートナー」（政権獲得可能性のある N-VA）を選択する有権者が，2007 年支持者のうち 3 分の 1 存在したと指摘している。要するにパウエルスは，既成政党に対する政治不信の受け皿に N-VA がなったと指摘する（Pauwels 2011：77）。

さらにデスハウアーは，N-VA について「N-VA は今なお〔一定の〕役割を果たしているが，ベルギー連邦制における多層的政治ゲームのなかで右派的戦略を選択し続けることが難しいだろう」と述べ，単一争点政党の「成功ゆえの失敗」(Delwit 2005；Deschouwer 2009b) と位置づける。以上のように N-VA に対する支持研究は，おおかたフランデレン・カトリック党や VB に対する不信感にもとづく政党支持の流動化によって，その台頭を説明している。その結果，いずれも N-VA の台頭を，暫定的ではあるが，一時的と評価しているのが現状である。

確かにそうである可能性は高い。しかし方法論的にみれば，ここまで見て来たように，ベルギーの歴史において分離主義や地域主義政党が台頭したのは今に始まったことではない。N-VA もその起源をたどれば，戦間期に遡ることもできる。だとすれば，歴史的検討なく N-VA をそう評価するのは単純だろう。

さらに付け加えれば，ベルギーの政党政治研究において投票行動にもとづく政党支持研究が進んできたのはごく最近のことである (Van Haute 2012)。とくに 2007 年のいわゆる「分裂危機」選挙以降，ヴォラティリティ分析 (Walgrave, Lefevere et Hooghe 2010)，有権者個人の属性分析 (Caluwaerts 2010)，帰属意識調査 (Deschouwer et Sinardet 2010)，政治不信の度合いの分析 (Hooghe *et al.* 2010；André *et al.* 2010)，投票行動における諸制度の影響分析 (Hooghe et Walgrave 2010) などが蓄積されてきた[6]。

こうした成果はもちろんベルギー政治，社会の構造的変化を考察

---

6) もちろん極右政党の研究自体は古くから蓄積されている。たとえば低学歴層の支持 (Gabennesch 1972)，社会的に排除された人たちの支持 (Kornhauser 1960) を挙げるものはあるが，いずれも個人の属性に依拠しているといえるだろう。

するに良いヒントを与えてくれるが，2007年以降，国政レベルの選挙は2010年しかない[7]。地域議会選挙を加えても2009年一度きりである。わずか3回の選挙における支持者の行動を対象とする限り，観察期間が短いため（Van Haute 2011c：216），投票行動分析ではいかなる新興政党の台頭も「一時的な現象」として評価せざるをえないだろう。

また投票行動分析ゆえに，いずれも支持者個人（の属性）に依拠していることが指摘されねばならない。それゆえ現状のN-VA支持の検討は，N-VAは一時的な「ポピュリスト」であるという結論に至ることを免れえない。もしそうであれば，ベルギー分裂危機とは一時的な現象である。しかしコッフェは，この点を批判し，地域主義政党の支持研究は，投票者個人を対象とするのではなく，構造と支持組織に注目する必要があることを提言している（Coffé 2005b）[8]。つまり，N-VAの台頭理由を説明するだけでは，ベルギー政治が抱えた構造的問題を見いだすことが難しいということである。

---

[7] 2014年選挙については終章を参照のこと。ただし再びN-VAが，しかも圧勝したことは，これらの先行研究で十分に論じつくせないだろう。

[8] 自発的結社の加入を検討した投票行動分析もある。マーク・ホーハらは，近年，パットナムの社会資本論を念頭に置いて，地域主義政党支持者と自発的結社加入者との相関関係を分析し，自発的結社への積極的加入がエスノセントリズムを和らげるわけではないとする（Hooghe and Quintelier 2013）。換言すれば，個人化や政治的無関心の増大が必ずしも直截的に地域主義政党の台頭を説明するわけではないとする。またホーハらの別の研究によれば，N-VAへの投票者は〔政治的無関心が進む〕青年団体の加入者数および余暇団体の加入者数との正の相関を示す（Quintelier et Hooghe 2010：90）が，これは必ずしもこれらの下位組織がN-VAの支持団体であることを直截には説明しない。近年の若者の政治的無関心を前提とすれば，これはむしろN-VA支持が「一瞬の風」であることを裏付けているようにも読める。さらにコッフェによれば，フランデレンは労働組合や共済組合への加入率が高いにもかかわらず，地域主義政党が台頭していると指摘し（Coffé 2005b：84, table2），この原因説明を今後の課題とする。現状では問題提起以上の主張をなしていない。

次に、「政党の地域主義化」を論じるものとして、たとえばダンドイらは選挙ごとのマニフェストのテキスト分析を行い、以下のような主張をしてきた。第一に、連邦制導入以降もベルギーの主要政党のマニフェストに大きな変化はないが、2003年の選挙ではフランデレンでより一層分権化を主張する政党が目立つ（Dandoy 2009）。また、連邦化以降2007年まで経年比較を試みると、ベルギーの諸政党はマニフェスト上分権化を強調し続けている（Dandoy 2011a）。さらに別の手法を用いた分析では、ベルギーの政党が全体として（とくにフランデレンで）、西欧のなかでも最も強い「独立（Autonomist）」志向の強い政党に変化した（Detterbeck and Hepbrun 2010：121-122）と主張するものもある。

　以上のように、少なくともマニフェスト分析においては、概して主要政党の地域主義化が実証され、それによって（政党間の政策距離が離れ）合意が困難になったと主張する。ただし、もし「全般的なアクターの地域主義化が生じた」というのであれば、なぜ政党は「分裂」を選択せず、交渉途中で妥協して「合意」に至ったのか、その事実が説明できないであろう。

　ここで、以下の成果に注目したい。第一に、既成政党のマニフェストを経年比較していくと、全般的に、地域主義政党の成功による「汚染（contamination）」〔地域主義的政策を強調することによって、フランデレン有権者の支持を獲得しようとすること〕がみられる。しかし1993年以降は一定の傾向がみられず、結論としてマニフェストの内容は「個々の政党戦略」に負う（Sinardet and Morsink 2011）。そして第二に、より抜本的な指摘であるが、2010年までのマニフェストを政党間比較すると、各政党が取り上げるイシューに大きな差はなく、よって政権形成の困難の程度は、マニフェスト以上に各政党が志向する「解決方法の相違」によると指摘するもの

(Walgrave *et al.* 2010) である。

　これらの成果が共通して示唆するのは、政権形成交渉が長期化する本質的な原因は、選挙行動よりも、その後の交渉過程における個々の政党の戦略にある、という点である。実際に先のダンドイらも、別稿で、マニフェストが政権交渉の結果たどり着いた政府間合意に必ずしも忠実に反映されているわけではないと指摘している (Dandoy *et al.* 2010)。つまり、ベルギーのように、連立政権を余儀なくされる多言語、多文化社会の政治においては、交渉過程こそが重要なのである。

　以上の点をまとめれば、概して主要政党のマニフェストは、ある程度「地域主義化」していると思われる。しかし必ずしもマニフェスト上の政策距離が政権合意（の難しさ）を決めるわけではない。むしろベルギーにおいては、解決方法を話し合う政権形成交渉過程自体が重要である[9]。

　よって分析枠組みは、連邦制度が連立交渉アクター（政党ないし政党リーダー）の行動に及ぼす影響を抽出する枠組みである必要がある。この点を念頭に、本稿の分析枠組みを検討する議論に入っていこう。

2 分析枠組みの検討

(1) 連邦制と政党システムの多層化

　分析枠組みの設定に当たり、前提として、ここまで問われてきた

---

9) 同様の指摘は、有権者の意識調査を行った Hooghe 2011 も指摘している。有権者自体は（たとえフランデレンでも）必ずしもベルギー分裂を望んでいるわけはなく、よって近年のベルギー危機は政治家、政治の問題であるとする。

のは「連邦制の効果」であるという点を改めて強調しておきたい。つまり本書の場合ベルギーを事例とするわけだが，その政治危機の要因を分析するに際して「連邦制」に注目をする。ということは，何らかの要因を抽出できたとして，それが「連邦制の効果」なのか，それとも他の「ベルギー政治に固有の効果」なのかを峻別する必要があるということである。もしくは必ずしも明確に峻別されなくても，ある条件，要因を連邦制が強化しているか，それとも弱めているか，もしくは何も影響を及ぼしていないのか，という点を常に考慮しなくてはならない。

では，ここでいう「連邦制」とは何か。ここでは，「連邦制」を操作可能な分析的概念として再定義する必要がある。この点については，まず，先のスウェンデンの成果を参考にしたい。スウェンデンは，連邦制を機能的に分類したが，それによれば，連邦制とは，①憲法上の立法・行政権限の配分，②課税・再分配政上の権限配分，③公共政策決定過程における連邦政府と連邦構成体政府の相互関係，④民族の地理的凝集性の程度の他，⑤政党システムの多様性（政党システムが全国政党と非全国政党によって形成されているか／非全国政党のみによって構成されているか）によって分類された。

本書では，先に検討してきたように政権形成交渉に参加するアクター（政党）の行動に注目するため，「連邦制」を機能的に「政党システム次元」に限定して検討することとする。

連邦制の下では，連邦構成体に相対的に大きな政策決定権限が付与されるため[10]，連邦（中央）の政党システムとは別に，地域独自

---

10) 補足しておけば，連邦構成体（地域政府）が，たとえば独自に条約締結権を有するなど大きな権限を認められている点は，中央集権的国家と比べて大きな違いである。

の政党システムが形成されることがある。スウェンデンは、こうした状況を政党システムの「断片化」と呼び、全国政党[11]と非全国政党の割合で各国を分類する。これによれば、ベルギーは1960年代以降全国政党が地域・民族ごとに分裂し、現在は全国政党を有しない、すなわち非全国政党のみによって政党システムが形成される稀な例とされる（スウェンデン 2010：202）。その特殊性を考慮したい。

この点をさらにデスハウアーによる議論を参照しながら検討したい。デスハウアーは、連邦化によってベルギーの政党システムが「連邦議会・政府（中央）の政党システム」と「地域議会（地方）の政党システム」とに分断されている状況を「政党システムの多層化（multi-layered systems）」と定め類型化し、それによって政党間・政党内の戦略をめぐる一致（congruence）や不一致（incongruence）を生み出す結果（図7）、政権交渉や政策決定に多様な影響を及ぼすことを記述的に論じている（Deschouwer 2009a）。

前述のように、ベルギーは1993年に連邦制を導入し、連邦（中央）議会とは別に、地域（地方）議会を直接選挙で選出することとなった。ということは、両方で議席を獲得しようとする政党ならば、地域議会選挙にも、連邦議会選挙にも、候補者を立てる。つまり政党は中央選挙と地方選挙の両方を視野に入れることになる。その結果として、たとえば図7の1のような場合、成立した連邦政府と地域政府は一致して政局運営が可能になるであろうし、逆に図7の3の場合には地域政府と連邦政府の間で政策の乖離が生じたり、場合によっては拒否権の発動などもされやすくなったりするだろう。そして図7の2のような部分的不一致がある場合、連邦与党と地域与党を担うA政党は、双方の利益を調整しつつ円滑かつ安定的な政

---

11) スウェンデンによれば、国内の選挙区の3分の2以上で立候補者を出す政党のこと。

図7　連合政府の垂直的（不）一致の類型

1　中央政府と地方政府の完全一致

連邦政府	
A政党	B政党
A政党	B政党
地域政府	

2　中央政府と地方政府の部分的（不）一致

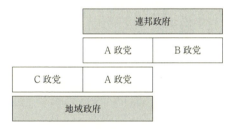

3　中央政府と地方政府の完全不一致

出典：Deschouwer 2009a：16, Figure.1

権運営を継続しうる可能性もあるし，逆に地域利益と中央利益の板挟みのなかで困難な状況に追いやられるかもしれない。つまり連邦化の結果生じた「政党システムの多層化」が政党アクターに何らかの影響を及ぼすことにデスハウアーは注目したのである。

本書でもデスハウアーの枠組みを参考に，連邦化の影響として「政党システムの多層化」に注目し，それが交渉アクターの行動に及ぼす影響を考慮しながら，2007年6月以降および2010年6月以降の交渉過程を検討する。次節では，さらに「連立交渉過程」を分析する視角を検討する。

(2) 制度が政権交渉アクターに与える影響——対立と追従のロジック

繰り返すが，本書では「(連邦)制度が交渉アクターの行動に与える影響」を検討するが，以下では，まずステファン・ワルグラーヴらの成果（Walgrave and Vliegenthart 2010）にもとづいて，政治制度が連立交渉アクターの行動に与える影響を検討する視点を整理しておきたい。

ワルグラーヴらは，ジョーンズとバウムガートナーの政策過程分析（Jones and Baumgartner 2005）にもとづいて，2007年までのベルギー議会において，あるイシューがどの程度注目（attention）されるか，つまり議会のアジェンダにおいて特定のイシューがどの程度連続的に審議されるか，それとも断続的であるかを検討した。

ジョーンズらは，アメリカ政治を事例として，外的な環境から発せられる信号（情報）を，政策決定にかかわるアクターが「見いだし，解釈し，その優位性と緊急性に応じて優先順位をつけ，さらにその優先順位にもとづいて公共政策を形成するプロセス」（Jones and Baumgartner 2005：274）に注目した。要は情報が政策過程に及ぼす影響を検討したのである。

彼らが注目するのは，情報の不確実性や非対称性を前提として，情報を受け取る側が情報をどう処理し，それにどう反応するかという点である。その反応に応じて，あるイシューが連続的に審議されるか，それとも他のアジェンダに取って代わられるか，すなわち断続するかを計量的に検討する。詳細はここでは省くが，彼らによれば，情報を受け取ったアクターの反応として，議会において周囲と「対立 (friction)」する行動を採る場合や，周囲に「追従 (cascading)」する行動を採る場合がある。

　これをベルギー政治に適応して，どの程度アジェンダが断続するかという問題を検討したのが，先のワルグラーヴらの成果である。たとえば，議会内でアクター間の「対立」が顕著なときは，議会で意見の一致が見られず，アジェンダの変化が生じにくくなる。すなわち大きな政策変化は生じない。しかし他のアクターが「追従」するときは，新しいイシューが議会で取り上げられ，すなわちアジェンダが断続しやすい (Walgrave and Vliegenthart 2010：1147-1148)。ワルグラーヴらが取り上げるイシューは必ずしも「分権化」や「連邦」をめぐる議論に限定されない。様々なイシューが議会で取り上げられる頻度を計量的に分析し，ベルギー議会における「追従」モデルの妥当性を強調する。そして，いかなる場合において議会内に「対立」が生じやすく，もしくは「追従」が生じやすいかを，制度設計が左右すると述べる。

　これらの成果は，もちろん本来の目的は「情報（処理）と政治」に関するものであり，本書の目的（政権形成交渉過程の検討）とは一致しないが，それでもなおこれらの枠組みは本書にとって示唆的なものである。実際にこの「対立」と「追従」のロジックは予算案の政治過程分析の他，政党マニフェストの変化の分析にも用いられ (Walgrave and Nuytemans 2009)，幅広い援用可能性を有している。

本書の課題にとっても，この「対立」と「追従」のロジックは有益である。というのも，制度の条件次第で，あるアクターが周囲のアクターと対立する（合意しない）か，それとも周囲に追従する（合意する）かが左右されると想定できるからである。すなわち，これは，制度的条件が政権形成交渉過程におけるアクターの行動（「対立」や「追従」）を左右し，影響を及ぼすことを実証的に検討する枠組みでもある[12]。

　そうであれば，政権形成交渉過程において，交渉アクターの間に「対立」が生じた要因や，他方でその過程で「追従」が生じて結果的に政権合意に至った要因も，制度との絡みで，かつ一つの枠組みで，検討することが可能なはずである。以下ではワルグラーヴらによる，アクター間に「対立」と「追従」を生み出す制度的条件を整理したい。

　第一に「アクターの多様性」という条件がある。これはアクターが多様（multiple）になることの影響である。ワルグラーヴらは，アクターが多様であればあるほど，合意が強要されるとアクターは「対立」関係に陥りやすいと述べる。しかし，そのときでもアクターが「自律」[13]していれば，合意への「追従」が生じやすいと述べる（Walgrave and Vliegenthart 2010：1152）。これに従えば，政権形成交渉過程は本質的に多数のアクターによる合意形成（が不可避的に強要される）過程であるため，「アクターの多様性」ないし「自律

---

12) かつ連邦制という点で，（詳細はもちろん異なるが）アメリカとベルギーは一致しており，アメリカ政治を検討したジョーンズらの成果から方法論を抽出することも，比較政治という文脈では有効である。
13) 「自律性」とは，政策過程（本書では政権形成交渉過程）において，交渉アクターが政党の意志から自律して自らの意志で行動できるかどうかを指す（Walgrave and Vliegenthart 2010：1152）。

性」は本書にとっても重要な視点である。本書では，この条件が一連のベルギー危機における交渉過程でどのように影響したか，さらにそれが連邦制（政党システムの多層化）に影響されたかどうかを検討する。

第二に「アクター間の競合性」という条件が挙げられる。これは本来，制度から派生する条件ではなく，むしろ合意形成の際のイシューの属性に関する条件である。競合するイシューではもちろんアクター間に「対立」を生むが，しかし「あるアクターが成功〔主張した政策が議会で可決されること〕すると見たとたんに，他のアクターは〔票，メディアの注目，公的資金などの希少資源をめぐる〕競合に負けないために『対立』行動をやめる（追従）」（Walgrave and Vliegenthart 2010：1153）とされる。この点は，さらに，次の「罰則」ないし「報酬」と併せて検討しよう。

「罰則（sanction）」と「報酬（rewards）」は，すぐに罰則（報酬）が与えられる場合，「追従」が起こりやすいとされる条件である。逆に，たとえ「対立」行動を採っていても，そのことによる「罰則」ないし「報酬」が直ちに与えられるのでなければ，アクターはその「対立」行動をすぐにやめることはない（Walgrave and Vliegenthart 2010：1153）。政治過程において一般的に述べられる罰則ないし報酬は，公的資金やメディアの対応が挙げられる（Hino 2005；2012）が，最も伝統的なものは，ここでのアクターを政党と定義する以上，「次期選挙での成否」であろう。公的資金をどの程度得られるか，もしくはメディアの対応如何も，ある意味次期選挙での成否にかかわる条件である。政権形成交渉の成否は次期選挙において重要な影響を与えると考えられるため（Müller and Strøm 1999），本書ではこれを「次期選挙」として一括し，連立政権形成交渉における「次期選挙」の影響，そして連邦化がそれにどのような影響を及

図8 交渉過程の分析枠組み

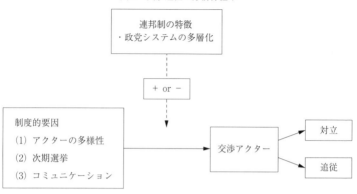

出典：筆者作成

ぼすかという点にも注目する。

第三に，彼らは「コミュニケーション」という条件を挙げる。これは，互いの行動がわかりやすい場合，「追従」が起こりやすく，交渉相手の行動の不確実性が高い場合，自らの政策や戦略に固執せざるをえず「対立」しやすいとする条件である。もう少し言えば，あるアクターが交渉に入ろうとするとき，もしくは交渉過程において，何らかの条件によって交渉相手の出方がわかりにくいと，交渉前に妥協案を想定することができなくなり，自説に固執する可能性が高まり，結果的に合意形成を困難にすることを意味する（Walgrave and Vliegenthart 2010：1153）。連立政権形成交渉においても情報（相手の出方）は戦略を左右する重要な要因であるから，本書はこの「コミュニケーション」という点にも注目し，さらにこれが連邦化によってどのように影響されているかという点を考慮する。

最後に，「手続きコスト」の問題が挙げられる。ワルグラーヴらによれば，日常のイシューはコストが低いので「追従」が生じやす

いが，時間やリソースを消費する手続きを要する行動については「対立」を生みやすい。コストを要する決定については，各アクターが自らの考えを変えず，相対的に強固に固執すると考えられるからである (Walgrave and Vliegenthart 2010：1154)。連立交渉が非日常的な政治行動であることはいうまでもない。すなわち「対立」しやすいと考えられるので，ここでは取り上げない。

 以上をまとめると，本書では (1) アクターの多様性，(2) 次期選挙の見込み，(3) コミュニケーション，の三つの視点に注目してベルギーの政権形成交渉を分析し，さらに以上の条件に，前節で挙げた連邦制度 (主に「政党システムの多層化」) の効果を考慮して，連立交渉過程を分析することになる。ここまでの議論をまとめると，図8のようになる。

 分析は，歴史的，既述的なものとする。統計分析は先も記したように観察期間の限界があることに加え，マーク・ホーハらが指摘するように，「ある組織に加入していることとある政党を支持していることの相関分析の結果は，必ずしもその直接的な因果関係を説明しているわけではない」(Quintelier et Hooghe 2010：97) と考えるからである。つまり歴史的事実を拾い出して検討する。

 以下では連邦化以降のベルギー政治について検討する。次章では1990年代のベルギー政治におけるアクターの変容を見る。続いて2007年，2010年の一連の危機について以上の枠組みにもとづいて検討する。

第 3 章

1990 年代のベルギーの政治

ヴェルホフスタット

　本章では，分裂危機に先立つ 1990 年代のベルギー政治社会の動向について述べる。交渉過程の検討に入る前に，そもそもなぜ地域主義政党が台頭したのだろうか。主要な政党が地域主義に傾倒したのはなにゆえか。

　その鍵は 1990 年代のベルギー政治社会の変化にある。冷戦終結後のグローバル化の進展，さらに 1993 年の連邦制導入が，ベルギーの政治社会に新しい局面をもたらした。「連邦国家ベルギー」に対する疑念，政治不信が蔓延し，既成政党に対する支持が低下した。その結果，既成政党は方向性の改革と変化を余儀なくされたのである。

1 冷戦終結後の新政党の台頭

　「わたしたちは 1990 年代以降の時代が政治的に特別な時期であると考える。いつの時代であっても，ある時代に特定の標語を付す営みは恣意的にならざるをえないが，わたしたちは 1980 年代終わりの出来事と 1990 年代初期とを新しい時代の始まりであると考える。1989 年秋のベルリンの壁の崩壊，1990 年のドイツ統一，マーストリヒト条約の締結，ソ連やユーゴスラヴィアの崩壊……これらの出来事は政治的な環境を完全に変えてしまった」(Van Hecke and Gerard 2004：11)

以上のように，冷戦の終結は，共産主義の衰退やグローバル化の進展，欧州統合の進展といった様々な国際環境の変化を引き起こし，これらが複雑に絡み合い，各国の政党システムに影響を及ぼした。

とくに「……政党システムに目を転ずるならば，今まで少数政党であった自由主義政党がキリスト教民主主義政党〔カトリック政党のこと〕に代わって主要政党になりつつあり，キリスト教民主主義政党の右の部分は自由主義政党，左の部分は環境保護政党に浸食されているという構図になっている」(土倉 2008：204) と指摘されるように，冷戦終結後，政党間競合が各国で高まったことは自明と考えてよい[1]。

---

1) 他にも「キリスト教民主主義勢力は冷戦によって中道化し，それによって各国で強いポジションをえた」が，冷戦終結後「個人主義を台頭させつつ世俗化が進行し，自由主義や地域主義に有権者を奪われた」(Lamberts 2003：122；同様の指摘は水島 2008：33)，もしくは「この現実は，旧いエスニックもしくはナショナルな忠誠心が飛び出してきた，1990 年代初期，ソ連の崩壊後，劇的に明らかになった」

ベルギーにおいても，1990年代から2000年代にかけて有効政党数の値が9.6であり，各国比較を行ったデータ上最多となっている（Lane 2008：180)[2]。とくにフランデレン選挙区においては，1961年まで2ポイント台であったものが上昇し続け，1980年代後半には3ポイント台に，以降，2007年までは，変動しつつ5ポイント以上を記録している（Delwit 2011b：33 Figure1)[3]。

(Juergensmeyer 1993：29) と表現される。このように冷戦の終結以降の時代を，新自由主義や地域主義の台頭，すなわち政党間競合の高まりの時代と位置づけるものは多い。ちなみにスティーヴン・ヴァンヘッケ氏も筆者とのインタビューのなかで，「『冷戦の終結』がベルギーのカトリック政党に及ぼした最も直接的な影響は何だと思われますか」との問いに対して「自由主義者と社会民主主義者との相違がなくなってきたこと」と答えている。いわゆる政党の収斂を指す（2012年8月24日インタビュー）。これも，政党間競合の高まりを示唆している。

2) オーストリア：3.5／デンマーク：4.8／フィンランド：5.8／フランス：6.2／ドイツ：3.9／イタリア：6.9／ルクセンブルグ：4.6／オランダ：5.5／ノルウェー：5.3／スペイン：3.2／スウェーデン：4.4／スイス：6.4／イギリス：3.3。

3) さらに，この時代における欧州統合の影響も考慮されねばならないかもしれない。たとえば吉田徹はかつてフランス主要政党が国内政策の失敗を取り戻すために「ヨーロッパ化」したと論じた（吉田 2008）。しかしシュミットによれば，ヨーロッパ統合がベルギーのような国家の国内政党政治に及ぼす直接的影響は，それほどはっきりしたものではない。というのも，「連合政権が……様々なアジェンダを掲げた数多くの政党を包括する」比例代表制を採る国家では，選挙アリーナにおけるEUの影響は制限されるからである。つまり選挙では「親ヨーロッパ」VS「ユーロ懐疑主義」という争点は相対的に目立たず，むしろそれが影響するのは選挙後の政権形成においてである（Schmidt 2006：165-166）。ただしベルギーにおいては，小島健が述べるように，概してベルギー国内における欧州統合に対する有権者の支持は高いものであり続けている（小島 2007：5）。政党レベルでの「ユーロ懐疑主義」の存在は前提としにくい。またダルダネリは欧州化の進展がベルギーの連邦化，とくに政党政治に与えた影響は長期的にみて大きくないと主張する（Dardanelli 2011）。とくに与党であり続けたカトリック政党は，しばしば欧州統合の推進者であることを，その成果として選挙キャンペーンでアピールし続けていた（松尾 2010b）。つまり政党内ないし間で「ヨーロッパ」をめぐる対立は顕在化しておらず，この点でも欧州統合の直接的な影響を見ることはなかなか困難である。他方で，連邦制導入後のベルギーとEUとの間に政治空間の多次元性という共通点を見いだす成果（Swenden 2005；Bursens and Sinardet 2009）や，欧州統合の進展が

さらに、冷戦終結後のベルギーが抱えたより具体的な問題については、ベーケが詳しい。

　すなわち、「フランデレンで顕著であったのは、……（フランデレンの極右政党で分離主義を掲げる）フラームス・ブロック（VB）の台頭であった」（Beke 2004：135）と述べられるとおり、地域主義政党の台頭が著しいものであった。また、エルクによれば「1980年代、VB は右派のなかの小さな勢力でしかなく、フランデレン・ナショナリズム、反共産主義、反中絶、そして差別的、親対独協力者的政策を掲げていた。冷戦の終結に伴って、VB は移民問題を新しいイシューとして取り上げ」（Erk 2005：496）て台頭したのである。

　移民問題が重要な政治的イシューと化したことは冷戦終結の帰結のひとつであろう。これによって移民排斥主義政党が支持を集めるようになった。それを取り上げた VB が台頭したのが、冷戦後初となる 1991 年の国政選挙である。この選挙は一般に「黒の日曜日」と呼ばれる。CVP、つまりキリスト教人民党（フランデレン・カトリック党）の得票率は初めて 20％台に落ち込むことになった。

　さらに「環境政党がキリスト教民主主義の進歩派と競合した。とくに彼らは、伝統的にキリスト教民主主義政党と強く結びついていたキリスト教労働総同盟 ACW（Algemeen Christelijk Werknemersverbond. キリスト教系労働組合のこと）と呼ばれるキリスト教系労働運動との結びつきを試みた」。これはとくに党と労働運動との

ベルギー連邦（中央）政府と連邦構成体の間の（社会保障分野を除く）協調を促していると主張する成果（Beyers and Bursens 2006）もあり、議論は収束していない。よって、本書ではこの文脈で焦点を絞りこむことは避けるが、統合の影響を皆無と仮定することも避け、歴史的経緯を追うなかで、その影響と思われる点を個別に記すこととする。なお、前述のヴァンヘッケ氏も、少なくとも組織構造、政策、パフォーマンスという点において、直截的影響はないと答えていた（2012 年 8 月 24 日インタビュー）。

つながりが相対的に弱いワロンで成功する（Beke 2004：135）。こうした政党間競合の高まりのなかで，各既成政党は党改革に乗り出していくことになる。

2　ベルギー政治社会の動揺と政治不信

さらに，党改革の背景として，既成政党に対する政治不信の高まりを挙げることができる。参考に，ベルギー諸政党の党員数の変化を以下の表4に示す。

冷戦終結後，市場競争が高まるなかで，ベルギーの国営航空会社サベナが倒産した。さらに，フランスの自動車会社であるルノー社のベルギー工場（ヴィルヴォルデ）が閉鎖されて大規模なストライキが生じた。このストライキは，ヨーロッパ全土を巻き込む大きなストライキとなった。失業率は総じて高かった。

また連邦制導入による弊害と考えられる事態も生じた。たとえば世界最大規模の輸送会社DHLがブリュッセル国際空港を拠点としていたが，騒音規制の基準値（連邦制導入後，環境政策は地域政府の管轄となった）が，ブリュッセル地域政府，フランデレン地域政府，ワロン地域政府の間でまとまらず，結局DHLはブリュッセルを出てドイツに拠点を移すことになる。多くの雇用と多額の税をベルギーは失うことになる。

また幼児性愛者マルク・デュトルーが引き起こした事件もベルギーの政治・社会に衝撃を与えた。彼は1989年に一度連続強姦犯として逮捕され，懲役13年の判決を受けて収監されていた。しかしこのとき彼は模範囚であったため，わずか3年後の1992年に釈放された。

釈放後，彼は再び1995年に8歳の少女2名，17歳と19歳の女

表4 政党党員数の推移

政党	共産主義 PC	環境 Groen	環境 Ecolo	社会主義 SP.a	社会主義 PS	地域主義 VU/N-VA	地域主義 SLP	キリスト教 CDV	キリスト教 CDH	自由主義 Open VLD	自由主義 MR	極右 VB	ポピュリスト LDD	総党員数 (M)	有権者における割合 (M/E)
1946	76,194			38,838	56,422	※		91,790	39,604	※	※			302,848	11.11
1949	38,361			50,026	73,702	※		158,439	57,569	38,258				416,355	7.39
1950	24,360			54,040	73,118	※		71,679	27,481	36,867				287,545	5.10
1954	16,239			66,625	86,389	※		53,821	58,565	※	※			281,639	4.80
1958	11,328			78,280	108,720	※		182,399	70,064	※	※			450,791	7.58
1961	13,027			87,465	111,845	2,511		137,830	70,555	18,000	※			441,233	7.31
1965	14,320			86,095	103,208	12,630		101,437	39,888	89,882	※			447,460	7.35
1968	12,159			93,523	114,015	24,997		114,843	34,400	98,167				492,104	7.98
1971	10,012			102,327	133,008	40,795		105,652	45,998	29,134	28,433			495,359	7.90
1974	9,450			112,609	141,853	49,940		114,369	47,422	37,252	34,700			547,595	8.66
1977	9,269			108,424	144,146	51,878		131,636	56,301	54,788	※			556,442	8.81
1978	8,792			111,943	147,269	53,067		125,219	61,049	57,520	42,000			606,859	9.53
1981	7,583	※	900	116,730	167,087	46,671		125,001	54,021	60,926	47,233	1,607		627,759	9.13
1985	5,446	925	959	108,223	140,462	50,890		115,633	41,388	73,631	70,514	3,698		611,769	8.74
1987		1,375	617	103,546	145,298	49,164		139,266	42,838	75,339	76,298	4,213		637,954	9.06
1991		2,038	1,360	97,919	129,051	36,162		131,722	31,432	66,381	33,791	4,069		533,925	7.47
1995		3,985	2,367	80,582	117,533	15,637		108,671	30,569	79,561	35,133	9,322		483,360	6.72
1999		4,281	2,903	71,386	103,713	15,504		105,939	25,283	75,780	38,041	14,424		457,254	6.23
2003		6,078	3,751	61,637	82,787	11,464	4,175	86,816	19,823	73,438	34,485	16,860		401,314	5.30
2007		4,537	4,890	56,044	78,365	9,448	※	79,596	28,353	67,149	30,686	25,000	6,248	390,316	5.06
2010		4,997	6,029	49,345	81,491	15,799		71,287	26,069	66,662	33,056	22,500	※	377,235	4.85

出典:van Haute 2012:22(※はデータなし)

性2人を拉致監禁した。1995年末,彼は車の窃盗罪で刑務所に半年服役したが,シャルルロワ(ワロン)警察は,彼の妻が妊娠していることを理由に,「人道的見地」から彼を自由の身とした。

釈放から2カ月後,再び彼は12歳の少女と14歳の少女を拉致した。このとき通行人がドュトルーらの車を目撃したことから,ドュトルーは逮捕された。2人の少女は救出され,ドュトルーの妻と犯行を手伝った男2名も逮捕された。

逮捕後,警察の怠慢,とくに管轄としていたワロン警察に対する批判が高まった。フランデレンの人びとの怒りは高まり,フランデレンとワロンの対立の火種となった。さらに,レイプ犯を刑期途中で釈放したことによって司法に対する批判も高まった。司法は,ベルギー統一を担保する重要な制度である。しかしそれに対する批判が高まり,1996年10月には警察の怠慢と司法制度に抗議する市民デモ「白の行進」が行われた。ベルギー国民の3%に当たる30万人が参加した。これはベルギー史上最多のデモ参加者数である。

以上のように,1990年代,ベルギーはいくつもの困難を抱えた。それは,「連邦国家ベルギー」とそれを支えてきた既成政党に対する不信を高めたことを意味する。この困難な状況に主要政党は対応しなければならなかった。

以下では,主要政党がこの困難な状況にどのように対応したかを見ていくこととする。

3 自由党の党改革

自由党はベルギーで最も古い政党である。ベルギー独立後,カトリックとの学校紛争を機に結成されたが,カトリック党の動員によって,さらに19世紀末の普通選挙の導入にともない大衆政党であ

る労働党が台頭し，第三党の地位に落ちる。1961年から党改革を開始し，とくに（派閥対立を繰り返していた）カトリック党（CVP/PSC）のリベラル派を取り込むことに成功し，党勢を回復する。しかしまもなく，他の政党同様に言語問題によって，二つの地域政党に分裂した（松尾 2010b：131-135）。

その後自由主義勢力はフランデレン，ワロンにおいて第一党になることはなかったが，1980年代後半から，フランデレン自由党では新世代のヴェルホフスタットが中心となって新自由主義的政策を打ち出し，たびたび政権に加わるようになる（Van Haute 2011a：60）。さらに改革の契機になったのが，移民排斥，フランデレン独立を謳うVBが伸長した1991年の選挙（黒の日曜日）である。

「黒の日曜日」の翌年，当時の党首ヴェルホフスタットは「『市民と政治の乖離』の克服」を課題とする綱領『政治改革の道』を発表した。この「乖離」は，まさに前年の選挙でVBが既存のベルギー政治に向けた，つまりカトリックを中心とした既成政党に向けた批判で用いられた用語であった。

この新しい綱領では，自由党が「市民の政党（Partij van de Burger）」であること，そして意思決定過程がより透明で，市民にわかりやすく民主的な政党へ改革することが謳われた。さらに自由党は自由主義系小政党を取り組み，市民に開かれた（Open）自由民主党（VLD. Vlaamse Liberalen en Democraten. フランデレン自由民主党）となった（Coffé and Stouthuysen 2006：5）。そして，この改革における具体的な目的の一つが派閥，すなわち組合等の下位組織の影響力を排除することであった。

翌1993年には，それに沿った大規模な組織改革が進められた。その内容は以下のとおりである。(1) 党大会において登録した党員が綱領に対する発言権をもつ，(2) 比例名簿作成に関して党員が票

を投ずることができる，(3) クオータ制と定年制の導入（*De Standaard* 27/03/1993），(4) 法案への賛否に関して党員の事前投票を導入，(5) 党要職の兼職を禁止する（*Knack* 24/03/1993），(6) 党首選を党員による直接選挙で行う，である。全般的な党の民主化が進められた（Wauters 2012：12）。

興味深いのは，これほど大規模な改革であるにもかかわらず大きな反対がなかったことである。法案への賛否決定は，従来下位組織と結びついた派閥が実質的な決定権を有していた。また党内ポストも派閥の利権が交錯する案件であり，兼職の禁止については反対もあった。もちろん議論はあったが，ヴェルホフスタットは下位組織との結びつきを弱くして党の自律性を高めることで「得票率の改善と将来的な政権参加（De weg naar politieke vernieuwing）」を主張し続けた。そして彼は改革が進んだことで，「わたしたちははっきりとした選択をした。独自の選択によって，階級や社会集団との強い結びつきによって政治的に身動きがとれないキリスト教民主主義政党〔フランデレン・カトリック党〕や社会党〔フランデレン社会党〕との差別化ができた。われわれの選択は市民にとって重要だ」（*De Standaard* 29/03/1993）と宣言した。

以上の自由党の改革は，下位組織との関係を改善して派閥政治を克服し，民主的で開かれた党を目指すために行われた。そして「1988年から1999年までキリスト教民主主義者は社会主義者との連立を組んだ。自由党は……一貫してキリスト教民主主義者の右派をターゲットとした。それゆえキリスト教民主主義者の主な挑戦者は社会主義者ではなく，むしろ自由主義者であった。自由党は従来重要な役割を果たしてこなかった。しかし1990年代を通じて，自由主義者はキリスト教民主主義者に代わる主要な政治勢力となっていった」（Beke 2004：134）。当時のベルギー既成政党にとって，派

閥政治の克服と党の自律性の確保が課題であったことを伺い知ることができる。

自由党改革の第二の柱は，地域主義化である。ヴェルホフスタットは，従来掲げていた，言語問題に対する中立的，曖昧な政策，立場が災いして自由党は票を獲得できないとみた。そして「国家の役割を縮小する」ことは「地域の役割を拡大する」ことにつながると考えた。先の新自由主義的な政策が，地域の権限を高める「地域主義」と結びついたのである。そしてフランデレン自由党は，「フランデレン」（や「ワロン」「ブリュッセル」）が，よりいっそう財政上の自治を獲得するべきだと主張するようになる。その後自由党の党員数は1.5倍に上昇して（Delwit 2011a），そしてついに1999年に勝利することになる。では，カトリック政党はどのような対応を採ったのだろうか。

4 カトリック政党の党改革

フランデレンの最大勢力であり続けたカトリック政党は，1990年から始まった人工妊娠中絶の法制化の際，カトリック信者であった国王の署名拒絶（CDV HP）に直面した。その影響もあって1991年の選挙で得票率を低下させた後，党改革が，自由党から少し遅れて，「国民目線の政治へ（Politiek dicht bij de mensen）」と題された党大会で掲げられた（Beke 2004：140-141）。

そこでは「近年の政治の動向に対するキリスト教民主主義者の応答」として，「1994年〔地域およびヨーロッパ議会選挙〕と1995年〔連邦選挙〕に行われる選挙に備え，将来の政治に向けた党の挑戦について，幅広く議論する」ことが意図された（*De Standaard* 14/11/1993）。

この党大会の議論の最大の焦点は，自由党への対応にあった。当時改革の任に当たった後の首相ファンロンパイは「自由主義者は綱領と制度構造の全面的改革，そしてその結果世論調査におけるパフォーマンスの改善に成功した」(*De Standaard* 5/6/1993) と述べ，自由党に対する対抗策，パフォーマンス改善のための改革を訴えた。政党間競合の激化がフランデレン・カトリック党を改革に向かわせたのである。

　ファンロンパイは，後のインタビューで「自由党の〔世論調査における〕パフォーマンスの良さ，〔当時の首相であったフランデレン・カトリック党の〕ジャン＝リュク・デハーネ政権の不人気」のために「個人的にはこの改革に懐疑的ではあったが，〔党内の〕改革を進めようとする圧力を感じていた」。と同時に，「改革に失敗したとき，ヴェルホフスタット〔フランデレン自由党〕に圧倒されることへの恐怖」も感じていた（Coffé and Stouthuysen 2006 によるインタビュー。以下同じ）。改革の背景として，自由党に対する脅威があったこと，しかし与党であり続けていることから，失敗を懸念して思い切った改革ができなかったことを含意する。

　より具体的に見れば，第一に候補者名簿の順位を決定する方法が変更された。前述のようにベルギーにおいては 1960 年代以降言語問題によって既成政党の地域政党化，分裂が進んだが，それ以来フランデレン・カトリック党では反動的に意思決定の中央集権化が進んでいた。中央集権化とは，排他的な，派閥リーダーの話し合いによる順位決定であった（De Winter 1990：11；Obler 1974）。しかし 1993 年の党大会では，執行部から提示された候補者名簿案に「党員による承認」が必要とされ，さらに党員には党大会での投票の義務が課せられるようになった。(Fiers and Pilet 2006)。

　第二に，党首の選出方法である。1980 年代までフランデレン・

カトリック党は幹部会によって作られた候補者リストにもとづき，党大会で党執行部のみが投票して党首を決定していた。デウィンターによれば，この決定は実質的に派閥力学によってなされており，主要派閥に属していない党首が選ばれることはほとんどなかった。現職が立候補した場合に対抗馬が出たのは 1968 年（CVP と PSC への分裂）以降三度だけであり，圧倒的多数で現職が再任された（De Winter 1990：6-7）。こうした密室性は多極共存型民主主義の特徴である（松尾 2010b：52-53）が，柔軟性を欠き，非民主的な決定方法であるとして党内から不満が出ていた（De Winter 1990：19）。その克服のため，この党大会では党首の直接選挙，65 歳定年の導入が決定された。きわめて重要な党改革ではあるが，ウォータスによれば，この改革の背景には，自由党が民主的な改革を成功させたことによって「民主化改革」が「規範化」（Wauters 2012：12）したことがあった。

　他方で，改革が停滞した面も見られた。たとえば自由党が最も力を注いだ下位組織との関係（希薄化）については，CVP も党の要職にある人物が派閥の代表として行動することを禁止した（*De Standaard* 7/7/1993）が，他方でファンロンパイは「党内の異なる派閥間の競合を存続させ，主要なキリスト教系団体との密接な関係は維持しよう。数多くの市長と地方の要職を占めている ACW（キリスト教労働総組合）の権力のために党は不幸になっているが，彼らは党のリーダーシップに関する議論に加わることを望んでいない〔改革を支持しないの意〕」（Coffé and Stouthuysen 2006）として曖昧な態度を採り，自由党ほど急進的な改革は試みられなかった。

　また，1993 年にフランデレン・カトリック党党首になったヨハン・ヴァンヘッケは，伝統的かつ閉鎖的な下位組織の影響力を低下させ，開かれた「市民社会政党」に変えたいと考えて，マニフェス

ト，党首の選出方法の見直し，地方の自律性強化などの党改革を打ち出した（Beke 2004：140-141）。しかし，この方針は最大の労組である ACW から激しく批判された。

こうした党内の対立によって，一部のメンバーは離党し，他の政党（社会主義政党や環境政党）との協力を表明した（Beke 2004：152）。つまり改革をめぐって党内対立が引き起こされ，それによって離党が生じたのである。その後ヨハン・ヴァンヘッケは私的な要因（離婚と再婚）によって一時政界を離れ，後に自由党へ加入していく。彼の離党のイムパクトは十分に計り知れないが，その時期支持の高かったリーダーの「離婚」は，党が有権者から信頼を失った一つの要因であったとも考えられる[4]。

また女性議員による「女性と社会（Vrouw en Maatschappij）」，すなわち党議員の男女比を同数にするクオータ制の導入提案についても，当時最も急進的な改革派とみられていたヨハン・ヴァンヘッケでさえ「党内に〔性別や世代の〕亀裂は存在しない。……女性が相当数の数になってから〔クオータ制を〕導入すればよい」として反対し，逆に派閥政治の擁護者として女性議員と若手議員から反発された（*De Standaard* 7/6/1993）。こうした執行部の動向は，「1991年11月（黒の日曜日）以来の政治と有権者の乖離をめぐる議論に，逆方向の光を照らす」（*De Morgen* 7/7/1993）と批判された。

結局この党大会で確認したものは，「我々の政党の権力の源泉は，市民により近い，広範な地方レベルの代表にある」こと，つまりフ

---

4) 彼のスキャンダルのイムパクトについては，既出のスティーヴン・ヴァンヘッケ氏と筆者の意見は食い違っている。与党としての信頼を失い，結果，1999年の政権交代の遠因となっているのではないかという筆者に対して，彼は「それはない。この事件が1996年で，1999年には有権者はこのことを忘れていた」と述べている（2012年8月24日インタビュー）。

ランデレン・カトリック党が地方・地域の政党であるという点であった。そして「地方に開かれた政府」を目指し，各地方支部会を毎年開催することが義務化された。当時，この改革は「かつてのあいまいなマニフェストが明確ではっきりした。重要な決定に到達した」と評価された（*De Standaard* 7/7/1993）が，他方で当のファンロンパイは，「誰も党が変わったとは感じていない。しかし義務は果たした。……与党であったため，急進的な改革はできなかった」

表5　主要政党の下位組織加入率

（単位：％）

		CDV	PS	OpenVLD
宗教的志向	無信仰	1.2	64.1	28.2
	カトリックないしキリスト教	97.2	33.6	64.8
	他の宗教	1.7	2.3	7.0
教育	公的教育	8.6	82.5	48.8
	キリスト教系私立	77.3	11.3	22.8
	他	5.5	0.8	15.4
	一貫せず	8.6	5.4	13.0
共済保険	キリスト教	91.6	7.4	29.3
	社会主義	1.2	77.0	6.7
	自由主義	1.5	1.1	46.6
	独立	5.7	14.6	17.3
労組	キリスト教	95.7	4.3	26.7
	社会主義	1.8	91.8	7.4
	自由主義	1.8	1.9	61.5
	他	0.7	1.9	4.4

注1：CDV＝フランデレン・カトリック党，PS＝ワロン社会党，OpenVLD＝フランデレン自由党
注2：ヴァン・オトはこの分析で，社会党についてはワロン社会党を用いている。フランデレンで社会党のデータが入手できなかったことに加え，その地位は相対的に低く，逆にワロンにおける PS は第一党であり続けており，その重要性を鑑みたゆえである（Van Haute 2012：9）。
出典：Van Haute 2012：26

と述べていた（Coffé and Stouthuysen 2006）。つまり与党であることに縛られて，最大の課題であった下位組織との関係見直し，派閥政治の改革には手をつけることはできなかったのである。

先に表4で各党の直接党員数の減少を示したが，他方で，同時期，下位組織の強さも指摘されている。前ページの表5に示したのは，2006年の調査で行われた各政党の党員の宗教に対する志向，および下位組織加入率である。

ヴァン・オトによれば，この時期，党員数が低下したにもかかわらず，たとえばフランデレン・カトリック党党員の97.2％がクリスチャンであり，91.6％がカトリック系共済組合に加入し，95.7％がカトリック系労組に加入している。これによって彼女は，「一方で，〔カトリックなど〕既成の主要政党が市民社会に根をおろし，囲い込んでいる程度はなお極めて強い。〔割合でみて〕最も取り込まれている世代と比較すると，衰退の徴はほとんどみえない。これはベルギーの伝統的な政党による……政党支配体制〔の存続〕を確認することになる。他方で，これらの政党も党員数からみれば急速な低下に直面し，とくに老齢党員の割合が高くなっている。それゆえ一貫した社会学的世界を維持してはいるが，個々の世界は縮減しつつあり，そして自らを刷新することの困難に直面している。……彼らは1980年代に大衆組織化を試み党員数を伸ばしていたが，それと同様のことを繰り返せる状況にはない」（Van Haute *et al.* 2012：19-20.）として，「党員数の低下」と「下位組織の強さ」という逆説的状況を指摘している。

さらに各組合の組合員数の増減を，直接党員数の増減と比較して表6に示す。ここから，党員数が減少しているにもかかわらず，農協以外の団体が組合員数を伸ばしていることが理解できる。さらに2003年時点でのフランデレン・カトリック党の派閥別議員割合は，

労組系が57%,農協系が10%,自営業団体系が19%を占めている(表7)。むしろ労組は影響力を強める傾向にあった。なお下位組織は強いままであった。

　要約すれば,派閥政治の密室性が問題とされたこの党改革では,党首の直接選挙制を導入し,比例候補者名簿の決定権を派閥から党へと取り上げはした。党内民主主義を進めたが,しかしながら,とくに最大勢力である労組の抵抗もあって,下位組織との連携も維持

表6　派閥別組合員数の変化

	農協	共済	労組	自営業団体	党員
1990	100.0	100.0	100.0		100.0
1991	98.6	100.9	102.2		100.0
1992	96.5	101.4	105.7	100.0	96.0
1993	93.5	101.1	108.1	102.5	94.7
1994	92.4	101.6	110.3	103.9	92.2
1995	92.7	101.8	110.6	105.3	82.5
1996	91.3	102.1	111.7	107.2	88.2
1997	90.0	102.2	112.4	111.2	80.3
1998	89.6	102.7	112.9	113.8	80.6
1999	88.6	102.9	114.8	114.4	80.4
2000	87.3	102.9	116.4	115.0	78.6
平均成長率	− 1.3	0.3	1.6	1.9	− 3.3

出典:Beke 2004:152

表7　フランデレン・カトリック党の派閥別議員数

(単位:%)

	労組	農協	自営業	無派閥
1991	45	16	21	11
1995	49	14	22	11
1999	55	17	19	9
2003	57	10	19	14

出典:Beke 2004:154

したままであった。

　ところで，なぜ下位組織は強かったのだろうか。前述のとおり，1980年代にカトリック政党は支持を減らし続けた。この時期，与党であったフランデレン・カトリック党は経済不況に苦しめられた。民間企業ではリストラが進み，旅行部門や出版部門などレジャー部門は国有化されていったが，失業率は改善されなかった。

　さらに1990年代にはベルギーは欧州通貨同盟（EMU）に加入したものの，それによって財政締め付けの必要が生じて，社会保障の創出ができなかった（Beke 2004：142）。またヨーロッパ全土を震撼させた幼児性愛者ドゥトルー事件に端を発する大規模なデモへの対処と閣僚交代，司法制度改革，さらには1997年からルノー・ヴィルヴォルデ工場の閉鎖問題が生じ，ヨーロッパを巻き込む大きなストライキが発生し，与党としてフランデレン・カトリック党は雇用創出に追われていた（CVD HP）。こうした全般的な社会不安は，1993年の連邦化改革自体への疑念を生んだ。それは既成政党，とくに与党に対する不信であり，国家そのものに対する疑念でもあった。

　つまり社会不安のなかで，募る政党への不信は，下位組織に対する庇護の要求へと読み替えられたと考えられる。後に再び触れることになるが，ここでは1990年代に国家のあり方，「国家」自体に対する疑義がベルギーのなかに蓄積されていたことを理解しておきたい。

　次に，こうしたなかで進められた中途半端な改革が，カトリック政党に及ぼした影響を見よう。

5 改革のイムパクト——野党転落

　改革の結果，フランデレン・カトリック党に何が起きただろうか。その帰結の最たるものは，党員数の低下である。先の表4に記したように，この時期フランデレン・カトリック党は多くの離党者を生みだした。この時期フラームス・ブロック（VB）に移籍したカトリック政治家の証言を引用しよう。

　「そう，もちろん皆〔支持者〕わたしの電話番号と住所も知っています。そして〔わたしは〕支持者同士がコンタクトをとる役割を果たしています。……それ以上にわたしは個人的にすべての組会〔住民組織〕とコンタクトをとっています。……正直申し上げて，どのような組織も必要ありません」（Warmenbol 2009：208-209 による政治家のインタビュー）

また，別の離党した政治は次のように証言している。

　「わたしはまだ非常に多くの宗教コミュニティの人々を知っています。そして，彼らに何か問題があれば，彼らはまだわたしのところに来ます。過去の縁故は今もなお残っています。わたしは常に必要なフィードバックを受けています。そう，もうもちろん公式な関係は壊れています。しかしかつてわたしが助けていた多くの人びとは，わたしが相談をもちかけると，わたしのところにやってきます。……わたしは彼らに支えられています」（Warmenbol 2009：209 による政治家のインタビュー）

第3章　1990年代のベルギーの政治　　101

つまり、1990年代前半に進められた党改革、そしてそれによる党内抗争のなか、既に個人的なネットワークを作り上げたカトリック政治家からみれば、離党することは容易いものであった。

この時期のフランデレン・カトリック党は13万人ほどの党員が10万人へと減少し、逆に自由党は1990年におおよそ7万人の党員を抱えていたが、その後2000年までに8万人程度に増やすことに成功した（Delwit 2011b：30 Tableau1）。

こうした状況で迎えた1999年の選挙では、フランデレン・カトリック党執行部は「EMU加入」の成果によって選挙に勝利できると安易に考えていた（Beke 2004：142）。前述のとおり、「欧州統合の進展」は過去のベルギー与党がしばしば選挙キャンペーンにおいて成果として掲げたものである。しかし、そうしたなかで生じたのが、1999年選挙（緑の日曜日）における「ダイオキシン問題」である。「ダイオキシン問題」とは、ベルギー産の鶏肉と鶏卵に基準値を超えるダイオキシンが含まれていたことが発覚し、さらに、それを与党のカトリックと社会党が隠ぺいしていたことを、選挙投票日の直前に自由党が暴露した問題である。これによって与党であったフランデレン・カトリック党と社会党は得票率を激減させ、自由党、VBと環境政党が議席を伸ばすことによって、政権を追われた。

要するにフランデレン・カトリック党は、与党として、冷戦終結後の、また、連邦制導入後の社会の変化に対応することに追われて、台頭する他政党に対して新しい対抗策を講じることができず、さらに政治不信を招いて、いわば自滅したのである[5]。

---

5) Prof. Dr. Dimitri Vanoverbeke へのインタビューによる。2012年8月23日10時より。ルーヴェン大学文学部（Inkomststraat）の彼のオフィスにて。

6 野党転落後──地域主義者と連携するカトリック政党

　カトリック党は1999年の選挙で政権を追われることになった。1999年の敗北以降，ベーケが「1999年までCVP（フランデレン・カトリック党）は国を統治することにとらわれてきたが，1999年以後は主に自分自身にとらわれた」（Beke 2004：133）と述べるとおり，フランデレン・カトリック党は本格的な党改革に乗り出す（Beke 2004：155）。しかしデハーネら伝統的リーダーが選挙敗北の引責で失脚後，党内は混乱し（Beke 2004：142-143），10年で6人の党首交代を繰り返すことになった（Van Hecke 2012：8）。

　この間のフランデレン・カトリック党の動向について，後の党首，ルテルムは以下のように述べている。「わたしは〔ヴェルホフスタットによる自由党・社会党連立〕新政権が少なくとも4年間は存続すると確信していた。……フランデレン・カトリック党執行部の多くが，1999年に生じた新しい政治状況〔政権交代〕のもつ心理的側面を軽視していた。紫連合〔「紫」は自由党のカラー青と社会党のカラー赤を混ぜた色で，自由党と社会党の連立を象徴する〕は新鮮で，新しい。しかもわれわれが入っていないのだ。……さらに2000年と2001年には，著しい経済成長があった。フランデレン・カトリック党はこれに勝てないだろう」（Leterme 2006：67）。

　このルテルムの発言から，フランデレン・カトリック党のリーダーの多くが「新政権は短命である」と考えていたことが推測できる。党内は改革に向けて混乱していた。そのなかで状況を冷静に見ていたのがルテルムであった，とも映る。

　彼は2000年から，当時の党首，デ・クレルクと毎週コルトレイク（フランデレンの中規模都市。デ・クレルクの地盤）を中心とした

地方キャンペーンを張る。そこで見たのが「ステファンは今なお人気がある唯一の人」(Leterme 2006) であった。すなわち,こうした地方での浸透度を見て,デ・クレルクとルテルムは,「フランデレン・カトリック党の根源」として「世界に通用する・フ・ラ・ン・デ・レ・ン・」を掲げることを打ち出す (CDV HP)。さらに 2000 年の地方選 (32％獲得) を経て,2001 年の 9 月 28・29 日,コルトレイクにおける会合において,フランデレン・カトリック党は党名をキリスト教人民党 (CVP) からキリスト教民主フランデレン党 (CDV) へと改称することを決定した (CDV コルトレイク支部 HP)。

　つまり,フランデレン・カトリック政党の「フランデレン」志向の背景には,党元来の地方での強さがあったと考えられる。各先行研究が分析しているように,フランデレン・カトリック党は得票率 30％台を切っていたが,地方選挙においては成功していた (Van Hecke 2012:4)。つまり地方では強固な根を生やしていた。さらに,とくに連邦制導入後,たとえば 2001 年の憲法改正では分権化が進み,宗教団体の助成が地域政府の管轄におかれることになる (Fox 2003:126) など,地域議会が党にとって重要なターゲットになっていた。

　こうした状況下では,デハーネが「地方と中央の対立が党内に緊張をもたらすのは常である。党の構造は歴史に根を生やしており,改革には 10 年から 15 年を必要とする。もし州レベルで党を再編しようとするなら,時間が必要だ」(Pilet 2007:217-218) と述べるように,性急な抜本的刷新はできなかった。得票率は低下しつつも,地方では強く,よってむしろ「地域」色を強く出すことで党の新しいイメージを創ろうとしたのである。

　そしてこれは 1990 年代前半の中途半端な党改革が確認した,「我々の政党の権力の源泉は,市民により近い,広範な地方レベル

の代表にある」こと，つまりフランデレン・カトリック党が地方・地域の政党であるということの再確認にすぎなかった。そして「地方に開かれた政府」を目指し，各地方支部会を毎年開催することが義務化された。

ただし，党がすぐにこれで一つにまとまったということではない。当時のリーダー，デ・クレルクの地位が党内で安定していたわけではなかったからだ。ルテルムはこの点を対談において以下のように答えている。

　　インタビュアー：「『ステファン・デ・クレルクは，安全網も張らず，綱渡りしている』と，あるキリスト教民主主義政治家が言っていましたが……」
　　ルテルム：「そのとおり。そういうイメージはわたしも抱いていた。実際にそうだった。……」(Leterme 2006：67)。

つまり，これは，リーダーシップの弱さゆえ，当時の「地方」重視という方針で進められた改革が党内で十分に行き渡らなかったことを意味する。

結局改称されたフランデレン・カトリック党であるCDV（キリスト教民主フランデレン党）は続く2003年選挙で「虹（レインボー）連合（自由党・社会党・環境政党〔緑色をカラーとする〕の連合）〔による〕世界の水準からみれば極めて例外的な法〔安楽死，同性愛者の結婚〕」[6]に対抗し，「家族の擁護」を掲げた。しかし，2003年選挙でも再び敗北し，さらに状況は変わっていくことになる。

まず，その変化は党と下位組織（派閥）との関係において顕在化

---

6) Rogiers, 2006：81によるルテルムの発言。

した。とくに人的関係での変化は著しかった。

「キリスト教系労働組合であるキリスト教労働総同盟（ACW）はキリスト教労働運動であり，キリスト教労働組合，共済組合，青年団体，女性団体，高齢者組織，家庭におけるケアを提供するサービス機関などを包括する。……その権力は公的なものではないが，実際の影響力は強く，かつての首相であるジャン＝リュク・デハーネやイヴ・ルテルム，副首相のスティーヴン・ヴァンアッケルなどフランデレン・カトリック党の政治家と『近しい』関係にあった。選挙期間中，彼らは ACW，その組合員と喜んで連携する。しかしこんにち，彼らはこの労働運動との関係を軽くみている」（*Flanders Today* 04/04/2012）と記されるとおりである[7]。

なお他の下位組織，たとえば農協はこの点についてあまり明確な立場をとっていない。フランデレンにおける農業従事者の割合の減少によって，フランデレン・カトリック党側にとって農協は重要ではなくなってきているといわれており，野党転落後は与党，自由党

---

7) こうした流動化は，もちろん党が野党に転落したことで関係見直しが本格化したことによろう。それに加えて下位組織の側にも様々な動揺があった。教会の権威の低下は一層進んでいる。2010 年にはカトリック聖職者の幼児性愛虐待が発覚し，その権威を根底から揺るがしている（Arcq et Sägesser 2011）。定期的な礼拝出席者がフランデレン・カトリック党に投票する率は，2003 年が 46％，2007 年が 52％であったのに対して，2010 年では 35％に減少している（Wientzek 2012：90）。執筆時時点でこの因果性を確認する術を持ち合わせないが，長期の政治空白のさなかにあって，ベルギー主要各紙が一面にもってきたのはこの教会スキャンダルであった。教育面においても，カトリック系中高からカトリック系大学への進学率が 1 割程度に低下している（*De Standaard* 05/08/2010）。さらに社会経済的組織については，近年フランデレンの諸政党がフランデレンの自治拡大，独立など非現実的な政策を掲げているため，組合側が賃金交渉など現実的な政策を決定しているといわれている。組合は独自に専門家を養成し，現実的な政策を実質的に法制化する。また党とは異なり，労組は全国組織を維持している（ACW HP）。下位組織と党の役割の乖離がみえる。

と連携しつつある。また自営業団体は,党との連携が既に希薄化しているといわれている（Beke 2004：154-155）。

こうしたなかで,次にフランデレン・カトリック党が試みたことは——1990年代の改革が失敗に終わり,残る手段として——「顔」の交代であった。ルテルムは党首になる前,決して党内支持が高い候補であったわけではない。他に候補がいなかったのである。

> 「フランデレン・カトリック党党首,ステファン・デ・クレルクの辞職後,党のリーダーたちは賛成33,棄権1にて党首としてイヴ・ルテルム候補を支持した。……彼らの支持がルテルムに与えられるということは,90,000人の党員がまだ投票する手続きは残っているが,彼が新しい党首になることは疑いがないということを意味する。……デ・クレルクとは異なり,ルテルムのバックグラウンドはキリスト教労働運動（ACW）である〔ACW出身であるの意〕。しかし……彼は党の右派にも十分受け入れられている。ルテルムによれば,党は新しいドクトリンを必要としない。しかし透明性が必要である。そして変化を人びとに気付かせることができるかが問題だ」（*De Standaard* 28/05/2003）

さらにルテルムは動く。スティーヴン・ヴァンヘッケによれば,1999年以降のヴェルホフスタット自由党＝社会党連立政権下においては,フランデレン・カトリック党,N-VAはともに野党であり与党に対抗する勢力であった。さらに2003年の選挙でともに敗北しており,両者は互いの勢力を2004年地域・欧州選挙で利用するため,公式に選挙カルテル（共通の名簿と共同の選挙公約）を結成した（Van Hecke 2012：6）。

ただし,実は,このカルテル形成については,2002年から始め

られた選挙区改革の影響も大きい。当時のヴェルホフスタット政権は主に極右政党, VBの台頭に対処するため (各選挙区の) 5%の阻止条項を導入しようとした。これは他の小政党にも大きな影響を与えた。たとえばやはりVUから分裂したSpirit〔穏健な地域主義政党〕は, この阻止条項の導入に「阻止条項はあらゆる新しい社会運動の台頭を妨げる。きわめて非民主的だ」(*Le Soir* 16/04/2002) と声明を発している。

他方でN-VAは, 「『ベルギー分裂』, 『フランデレン国の独立』というほど先鋭化したフランデレンのビジョンは提示せず, 『自治の促進』程度にとどめる」(*Le Soir* 04/05/2002) とし, そして若手のデ・ウェヴェールを党首として, 「N-VAは明確に自らを民主主義陣営に位置づけた」(*ibid.*)。つまり, 分離主義を掲げていた地域主義を掲げる小政党N-VAは, この選挙区改革を通じ——少なくとも自らが称するには——「民主的」政党へと変わったのである。

他方で既成政党の側では, ルテルムによれば, 「とくにフランデレンの政党はVUからの離党者を取り込み始めた。社会党はSpirit, 自由党は他のVU出身者, 〔フランデレンの環境政党である〕Groen！までも抱え込み始めた」(Leterme 2006：118)。こうした傾向はワロンでも同様である。ワロン社会党のディ・ルポは, ワロン・カトリック党やワロンの環境政党に「左派連合」の形成を呼び掛ける (*Le Soir* 02/05/2002)。この連合は結局成立することがなかったが, 阻止条項の導入で, ベルギーの政党アリーナはあたかも小政党の猟場になっていた。

こうしたなかで, フランデレン・カトリック党では「徐々に一貫した, かつ包括的な, 党・社会・国家のイメージが育まれていた」(Leterme 2006：9)。ルテルムによればそれは「1950年代終わりから1960年代初めにかけてはお互いを殴りあっていた, キリスト教

民主主義とフランデレン・ナショナリズムを結びつける」(Leterme 2006：118) ものであり、そのため彼は「今以上にフランデレン政府が重責を担っているときはない」、「国家は第一にフランデレンのためにあり、それからおそらくベルギーのためにある」(*ibid.*) とまで述べている。

ルテルムはなぜN-VAだったのかと問われた時に、「フランデレン主義者との対話を避けるべきではない」と答える。なぜなら、1960年代には、自由党や社会党から地域主義者が分離したように、地域主義者は常に、どの政党にも存在しており、対話を避けることなどできないからである (Leterme 2006：118)。つまり、ルテルムが目指したものは、1960年代に分離した「フランデレン」と、「人格主義」を核とする「キリスト教民主主義」を結びつける「フランデレン・キリスト教民主主義」ともいうべきものであった。そして、既に猟場と化していたベルギーの政党アリーナにおいて、最も適した対話可能なターゲットが、「民主的」なN-VAであった。

すなわち、冷戦後の複雑な政党間競合の激化のなかで、地域主義政党の台頭を阻止するため導入された阻止条項が、小政党をめぐる選挙カルテルを促進させる土壌を作り出した。そして皮肉にも地域主義政党N-VAを「民主」化した。さらに、従来の下位組織との関係が流動化しリーダーシップが脆弱化したなかで、決して人気が高いわけではなかったルテルムを立てたフランデレン・カトリック党 (CDV) を「フランデレン・キリスト教民主主義」化させ、フランデレン・カトリック党とN-VAのカルテルを形成させたのである。

カルテル結成時のCDVとN-VAの共通の綱領について見れば、「『フランデレンにより力を。積極的で、温かく、開かれた、そして包摂的な社会へ』これがフランデレン・カトリック党とN-VAの共同選挙の二つの軸である。……『フランデレンはより敬意を払わ

れるべき』と両党は共通のマニフェストに記した。……フランデレン・カトリック党と N-VA はフランデレン議会の解放を謳う。これは，フランデレンが健康保険や家族手当，雇用，（鉄道を含む）運輸，通信，科学政策において十分に権限を与えられなければならないということを意味する。……両党はまた法人税や治安，公正という点で，一層のフランデレンの自治を要求する。共同綱領の第二部は，フランデレンにおける教育，家族扶助，起業家支援，ケア，そして自発的結社の支持に焦点を当てている……」(*Gazat van Antwerpen* 16/04/2004)。「フランデレン」は徐々にフランデレン・カトリック党の重要なイデオロギーとなっていった。こうして，分裂危機への途は準備されていったのである。

7 小括——ベルギー社会の不安定化と主要政党の地域主義化

こうしてカトリック政党はフランデレン地域主義に傾倒していった。その背景には，国際環境の変化のなかでいち早く党改革を実施し成功した自由党の存在があった。もし分裂危機の要因としてフランデレン・カトリック党と N-VA の連携，そしてフランデレン・カトリック党のフランデレン主義化を重視するのであれば，実はフランデレン自由党におけるヴェルホフスタットの登場は，ベルギーの従来の政党システムを破壊した最大の要因として位置づけなければならないだろう。

もう一点指摘しておくべきは，1990 年代のベルギー政治が抱えた課題の重さである。サベナの倒産は，日本で言えば JAL の倒産に当たる。ルノー・ヴィルヴォルデ工場閉鎖に伴うストライキは，ヨーロッパ全土に拡散し，社会運動のグローバル化の到来を印象付けた。デュトルー事件は犯人個人の人格的問題として取り上げられ

ることが多いものの，20年たった今でもベルギーのニュースで取り上げられる。こうした事件が立て続けに生じたのが1990年代であった。

　こうした立て続けの社会不安は，当然のように（連邦制を導入したばかりの）国家と，改革を進めてきた既成政党（与党）に対する不信と批判を高める。新政党への期待が高まり，主要政党は社会問題の解決とともに自らを刷新していかねばならない。そのなかで改革の是々非々を論じ，急ぎ新しい国家像を準備することになろう。こうして「国家」は存在意義を軽いものとする。もはや「国家」は，極端な言い方をすれば，話のネタにすぎない。不幸にも冷戦終結や欧州統合の進展といった大きな国際社会の変化のなかでの連邦化改革は，社会不安とともに，国家の存在を軽くしてしまったともいえる。こうした一抹の「国家」の軽さを前提にして，次章以降では分裂危機の政治過程を検討する。

第4章

2007年分裂危機

アルベール2世(Wikimedia Commons/CC-BY)

　フランデレンとワロンの経済格差,そしてBHV問題を争点として,2007年6月に総選挙が行われた。しかし,その後新政権が成立するまでには約半年の時間を要した。なぜこれほど時間を要したのだろうか。また,それは連邦制の導入とどのような関係があるのだろうか。

　本章では,連邦制の導入を背景に,交渉の場でフランデレンとワロンの政党が「対立」するようになり,「合意」への転換が困難になったことを説明する。

1 2007年分裂危機

(1) 2007年6月選挙結果

以下に 2007 年 6 月 10 日の選挙結果を示す（表8）。

この選挙結果の特徴を，キャンペーンでの主張と合わせて，以下のように整理する。第一に，BHV 問題処理で失敗した旧与党（自由，社会）がフランデレンで敗北した。第二に，とくに今回，野党であるフランデレン・カトリック党は，地域主義政党の新フランデレン同盟（N-VA）と選挙連合を行い，社会保障財源の分割を政策の軸

表8 選挙結果

フランデレン

政党	特徴（主張）	議席
CDV/N-VA	キリスト教民主主義(分権化)／地域主義(分権化　強)	26／4
※OpenVLD	フランデレン自由党（分権化）	18
VB	極右（フランデレン独立，移民排斥）	17
※Sp.a/Spirit	社会党（ベルギー統一）／地域主義（分権化）	14
Groen!	環境政党（経済問題）	4
他	LDD（自由党からの分派，新党，反政府）	5

ワロン

政党	特徴（主張）	議席
※MR	自由党（統一維持）	23
※PS	社会党（統一維持）	20
CDH	キリスト教民主主義（統一維持，BHV の解決）	10
Ecolo	環境政党（経済問題）	8
他	Front National（ワロンにおける移民排斥）	1

注：※は旧与党
出典：INTER-PARLIAMENTARY UNION
　　　http://www.ipu.org/parline/reports/2029_E.htm（最終アクセス2007年9月30日）
　　　より筆者作成

として掲げ（amCham Belgium HP），さらに「フランス語話者にはオランダ語を理解できない」「フランデレンは，BHV 分割のために，いかなる代償も支払わない」など地域主義的アピールを繰り返した（*Focus on Flanders* 04/09/2006）。その地域主義的なアピールにより，ルテルムは個人で 800,000 票もの圧倒的な支持を得た（de Vadder 2008）。すなわちフランデレン・カトリック党と N-VA の連合が勝利したのである。

与党の敗北以外に話をこじれさせる現象が生じていた。元来ワロンでは，ベルギー建国以来，圧倒的に社会党が強かったが，この選挙では，ベルギー史上初めてワロンにおいてワロン自由党（MR）が 1 位となった。

また，第 1 章に記したように，ベルギーでは 1960 年代以降，国民政党が次々と地域政党へと分裂したが，政権形成の際には，たとえばフランデレンでカトリック党が政権に加わる際には，ワロンのカトリック党も必ず入ることが慣例化されていた。つまり与党のイデオロギー上の「対称性」があった。連邦制導入以降，既成政党が地域主義政党と連立する傾向があり，近年しばしば「非対称的」な状況は生まれつつあったが，「対称」な政府を作り上げることは，言語の対立で苦しむベルギーにおいて，政権基盤を強固にするための基本的な慣例であったと考えてよい[1]。

---

1) たとえば，先に述べたように，BHV 問題の処理に失敗した（第 2 次）ヴェルホフスタット政権では，フランデレン社会党と選挙協力したフランデレン系地域主義政党 Spirit が含まれていた。このときの施政方針演説で，フェルホフスタットは以下のように述べている。「我々の祖国，ベルギーの政治史上初めて，国家，地域，共同体が，『非対称的な』政府によって率いられるのです。1993 年以降の，連邦国家ベルギーは，地域，連邦にかかわる政治家ともども試されることになります。連邦政府は，この試練を乗り越えようとしています……」（政府宣言。2007 年 3 月 19 日）。しかし，ヴェルホフスタットは，この「試練」を乗り越えることができなか

このイデオロギー上の「対称性」を前提に考えると，今回の選挙結果は，確かに単独政党での第1党はフランデレン・カトリック党であったが，フランデレンとワロンを合算すると，1位は（両）自由党になる。誰が組閣担当者としてふさわしいのかが，議席数だけからでは簡単には決められない状況だった。最初から今回の交渉は困難な状況に陥っていたのである。以下ではなぜ半年もの時間を要したのかを考えたい。

(2) 交渉過程

以下の表9は交渉過程を一覧にしたものである。

第1ラウンド

第1ラウンドでは，早々に話がこじれていた。情報提供者に指名されたレンデルス（ワロン自由党）は各界を回ってヒアリングを行い，膨大なレポートを作成したが，世論は明確な答えを持ち合わせなかった。結局レンデルスは，選挙結果に従い，フランデレン第一党の「カトリック・N-VA連合」と，ワロン第一党の自由党（MR）との連立を提示する。しかし1999年の選挙でフランデレン・カトリック党を野党に蹴落とした自由党との連立案が，フランデレン・カトリック党から支持を得ないことは明らかであった。

その後，フランデレン・カトリック党のデハーネ（元首相）が他の連立の可能性を模索するが，やはり答えは出なかった。結局国王アルベール2世（在位 1993～2013）は，選挙から約1カ月後，選

った。非対称性の要因となったSpiritは，ワロン側のパートナーをもたない政党であるがゆえに，他の政党と異なり，フランデレンの利益を主張した。

表9 2007年6月～12月の政権形成交渉の政治過程

月日	政治過程
第1ラウンド（6月13日～8月23日）	
6/13	情報提供者、レンデルスの調査
7/5	意見まとまらず「自由・キリ民連合が好ましい」と報告。デハーネが「探索者」に指名され、同連立を支持
7/15	ルテルム、組閣担当者に指名される
7/23	ルテルム、施政方針案提出
8/16	分権化をめぐり交渉難航。ルテルムの辞任申し出（8/19）、国王受理（8/23）
国王による調停（8月23日～29日）	
8月下旬	フランデレン系TVアンケートで45％のフランデレン人が独立を支持
8/25-27	国王、上下院議長・旧閣僚経験者招集
8/28	主要政党代表者と会合
8/29	国王、ファンロンパイを調停者に指名、調整へ当たらせる
検討期（8月29日～9月29日）	
8/30	ワロン・カトリック党、BHV問題の解決優先を主張
9/1	フランデレン諸政党、フランデレンの独立を主張
9/10	ファンロンパイ、交渉休止を宣言
9/17	ファンロンパイ、社会党（ワロン）と交渉再開
9/29	フランデレン系政党も合意し、ルテルムが再び組閣担当者へ
第2ラウンド（9月29日～12月1日）	
10/5	ルテルム、交渉開始
11/7	デ・クレムがフランデレン議会でのBHV分割案可決を進めるが、ワロン議会反発
11/12	国王は社会党、環境政党に「国家改革有識者会議」の設立とともに「閣外協力」を要請
11/14	「会議」設立を条件に交渉を再開
11/26	キリ民、自由党交渉開始。しかしN-VAがルテルムに反対
12/1	ルテルム再辞任を国王受理
暫定内閣成立（12月1日～17日）	
12/1	国王、期限付き暫定内閣形成をヴェルホフスタットへ（情報提供）依頼。キリ民、自由党、ワロン社会党による暫定内閣誕生

出典：*Le Soir* 紙、*De Standaard* 紙をもとに筆者作成

挙結果に従ってルテルムを組閣担当者に指名した。そして、このルテルムの施政方針案で交渉は一気に混乱したのである。

組閣担当者に選挙の第一党の党首が指名されたことは慣例どおりである。しかし、その後彼が各党に示した施政方針案に、彼は分権化のさらなる進展など言語問題にかかわる国家改革に抵触する案件を記さなかった。彼がキャンペーン期間中に地域主義的発言を繰り返してきたにもかかわらず、である。このルテルムの真意は定かではない[2]。しかし、ここでのルテルムの行動は、フランデレンのみならず、ワロン側からも格好の標的となった。

ワロン側は一斉に「ルテルムの嘘歌」「〔ルテルム個人に投票した〕800,000人のフランデレン市民に嘘をついた」と反発した（*Le Soir* 23/07/2007）。それに対してルテルムは「こんな馬鹿馬鹿しいことよりもやるべきことはある」などと発言している（*ibid.*）。つまり政権形成交渉に入る段階から、ワロン諸政党はルテルム組閣担当者（首相候補）への「対立」姿勢を高めていた。

さらにその後の2007年8月の交渉過程では、とくに新フランデレン同盟（N-VA）のデ・ウェヴェールとワロン・カトリック党（CDH）のミルケが社会保障財源の分割をめぐり対立した。従来であれば、地域主義小政党であるN-VAが組閣交渉に入ることは考えられないが、フランデレン・カトリック党と選挙協力をしていたため、彼は交渉の場に登場することになった。分権化を主張する前者を後者は拒絶し、ミルケはフランデレン市民から「マダム・ノン（madame non）」と揶揄されるようになる。

---

2) ルテルムが財源分権化という困難な問題を「非政治化」するために施政方針案で自らが掲げたイシューを取り下げたのかもしれない。しかし選挙戦において既にワロンの「反ルテルム」感情が高まっていたため、この「非政治化」策は、フランデレンとワロンの対立に油をそそぐことになった。

ことに 8 月半ばには，分権化を拒否するワロン側政治家，有識者が強硬化し，「二言語主義の拒絶〔フランス語のみの公用化〕を」など，「フランデレン政党に支配されるベルギー」を否定する発言が相次ぐ。この時期，「この交渉には危険な香り〔＝交渉がまとまらず，ベルギー分裂の危険性がある〕がする」との言動が各紙紙面を飾った（*Le Soir* 16/08/2007）。

　選挙後 2 カ月以上長引く交渉は，それ自体が批判の対象となる。ルテルムと国王がこの間 3 度相談していたことに対して，ワロン側から「国王に政治介入させたこと」との批判がなされる（*Le Soir* 21/08/2007）。結局，ここでルテルムは一度組閣を断念するに至る。この頃になると，ベルギーは分割されるべきだ，などとの発言が，はっきりと公の場で一部政治家からなされるようになった（*Le Soir* 25/08/2007）。

検討期

　その後，いったん 8 月末に下院議長であったファンロンパイが調停役に指名されたとき，彼は学者肌の人物であり，ルテルムのような扇動家のイメージはなく，ワロン側にも適任だと支持されていた（*Le Soir* 30/08/2007）。しかし，不幸なことに，この時期はブリュッセル周辺をコースとする自転車レースの直前であった。このレースはしばしば言語問題が政治化する契機となる。すなわち，オランダ語圏にもかかわらずフランス語住民が多く住む地区を通りすぎるため，周辺地区の言語状況が映像上浮き彫りとなる。つまり BHV 問題が政治化するのである[3]。フランデレン側，とくに地域主義政党

3）　*De Standaard* 紙によれば，22-23/08/2007 あたりから，BHV 問題が主張されている。国王からすれば，それを含めてのファンロンパイの登用であった。このレー

は，いっせいにBHV問題を政治的課題として掲げ，「これが〔統一ベルギーで行われる〕最後のレースだ」と主張するようになった（*De Standaard* 02/09/2007）。

これを解消するために，ファンロンパイは地域主義政党であるN-VAをはずし，環境政党と組む交渉を開始した。しかし，選挙カルテルを組んでいたフランデレン・カトリック党とN-VAは環境政党の参入を拒絶し，また環境政党側は交渉に加わる条件として，（当初ルテルムの施政方針案に含まれていた）「原子力発電所の増築」を撤回することを要求し，この交渉はまとまらず，ファンロンパイは調停役を辞任することになる（*Le Soir* 03-05/09/2007）。

このファンロンパイの辞任後，ワロン地域政府，フランデレン地域政府は独自の動きを強めることになる。これは，ルテルムへの反発後，期待されたファンロンパイの失敗によって，いわば籠がはずれたことによろう。9月14日には，極右政党VB（フラームス・ベラング）がフランデレン独立のための国民投票の実施を主張する（*Le Soir* 06/09/2007）[4]。

さらに同日，ルテルムは，子供用教育TV番組で「学校さえ作れば〔その予算だけフランデレンが拠出すれば〕ワロンは分権化に賛成する」と発言し，これがワロンとフランデレンの対立を一層煽ることとなった。他方で9月17日には，ワロン政府が独自の経済政策を発表するようになる。後にフランデレン政府側も独自の動きを見せ，BHVの分割決議を通そうとした（*De Standaard* 07/11/2007）。

この頃，マスコミ，世論では，交渉の長期化に対する不満が勃発

スは，こうした言語状況を背景に，かねてから，著名な政治家が政治的アピールのために参加することもあった。
[4] 9月当初からその動きはあった。

し,「政治家は誰も尊敬できない」,「〔選挙で支持を落とし,政権交渉からはずれると宣言していた〕社会党が交渉に入らないのがおかしい」,「ベルギー分裂の場合のブリュッセルのシナリオを問う」,さらには「EU が財政の縛りを設けているからいけない」という意見まで登場し,批判と議論の範囲が広がり収拾がつかない状況に陥る (*Le Soir* 06-07, 17/09/2007)。

こうした混乱を受けて,その後事態はいったん収拾の方向に向かう。先の世論を受けて,ここまで政権交渉からはずれていた社会党が加わることとなったのである。それによって議席上の多数を確保し政権を成立させようという動きが表面化し,国王は再び第一党のルテルムを組閣担当者に指名し,連立形成交渉第 2 ラウンドが開始されることになった。「対立」による緊張があまりに高くなると,交渉アクターが態度を合意へ修正することを,ワルグラーヴらも認めている (Walgrave and Vliegenthart 2010 : 1148)。

第 2 ラウンド

交渉は再開されたが,かつてヴェルホフスタット政権で凍結された BHV 問題が政治化した後の,さらに一度信頼を失ったルテルムによる連立交渉である。事態は進まず,さらにブリュッセル周辺域ではフランス語系住民による「反フランデレン」を掲げる市民デモなども生じた。

なぜ再びルテルムであったのか。国王の意図は明確でないが,ファンロンパイが,失敗の危険性を覚悟しながらも,分権化改革を自らのフランデレン・カトリック党主導で進めようとしたといわれている (*Le Soir* 25/09/2007)。

この交渉における立役者はむしろ国王アルベール 2 世だった。国王は,11 月 7 日から「国家改革有識者会議」,つまりこの問題を継

続的に検討する委員会を設立することを条件に、自ら各方面に支持を取り付ける。こうした暫定委員会の設立は、一時的な危機回避の方法として、しばしばベルギーで用いられてきた「非政治化」策である。

こうしてデモが頻発するなかで、当初予定されていたカトリック・自由党連合の成立のため、ルテルムは結論を急ぎ、分権化改革を行うべきか否かを対象政党に問うた。しかし、このルテルムの問いかけに、どの主要政党も回答せず、結局ルテルムは組閣担当者を再び辞任することとなる（*De Standaard* 01/12/2007）。

結果的に次年度予算の決まらぬなかで、年内の新政権発足が急務とされ、国王は12月に前首相であり、当時皮肉にも最もベルギー市民から信頼できる政治家として支持を高めていたヴェルホフスタットを組閣担当者に指名した。当初、両自由党と両社会党による少数連立政権の成立を目指したがそれは叶わず、強硬な態度を採る地域主義政党、新フランデレン同盟（N-VA）をはずし[5]、フランデレンとワロンの自由党およびカトリック党、そして多数派形成のためにワロン社会党（PS）を加えた暫定政権が誕生したのである。

2 考察

(1) 交渉過程からみた長期化の要因

なぜこの交渉は難航したのだろうか。第1ラウンドにおいて問われるべきは、ルテルムのリーダーシップであろう。彼はこの間感情的な発言をしたり、落ち込む姿を報道されたりして批判を喚起するなど、困難な状況における交渉のまとめ役としては、あまりに幼稚

---

5) 当初はフランデレン・カトリック党への閣外協力を打ち出していた。

なリーダーであった。

　またN-VAのデ・ウェヴェールも，この交渉で強硬な態度を採った。彼は本来小政党の党首にすぎなく，政権形成交渉に加わるような勢力ではない。しかし，フランデレン・カトリック党が「地方」や「地域」を前面に押し出し，N-VAとカルテルを組んだことによって，N-VAが政権交渉の場に登場することになった。いわば「異質の」アクターが交渉に加わり「アクターの多様化」が生じていた。必然的に交渉過程は対立的になったのである。

　たとえば，N-VAがワロン側（ワロン・カトリック政党のミルケ）と対立したことが挙げられよう。従来であれば，フランデレン・カトリック党（ルテルム）とワロン・カトリック党（ミルケ）は同じカトリック政党として同調し，ルテルムはミルケに「追従」する可能性もあっただろう。

　しかし，パートナーであるN-VAがミルケと対立した。N-VAとのカルテルによって第一党に返り咲いたフランデレン・カトリック党（ルテルム）は，N-VAを無視することはできなかったのである。換言すれば，フランデレン・カトリック党はN-VAから「自律」できず，CDH（ワロン側）に「追従」することができなかった。

　また，「アクターの多様化」は別の次元で阻害要因ともなった。第2ラウンドでは，多様な政治主体の発言が混乱を招いた。たとえばワロン地域政府，フランデレン地域政府それぞれが独自の政治決定を突然行い，事態の収拾を長引かせた。しかも経済格差，BHV問題によって両政府は本質的に「対立」的であった。互いに対立する「アクターの多様化」は，交渉を合意に向かわせることを困難にしていた。

　こうした対立を，「検討期」の調停者，ファンロンパイは打開しえたのかもしれない。少なくとも当時その期待は高まっていた。フランデレン・カトリック党の重鎮として，ワロンとフランデレンの

間のコミュニケーションを再開させえたかもしれない。しかしちょうどその時期 BHV 問題が争点化したことは、ファンロンパイにとって不幸なことであった。交渉において財源分割と BHV 問題という二つの争点が交互に政治化し、交渉を阻害した点は、2007 年交渉の特徴である。

つまりこの時期は、N-VA という異例のアクターが参入したことによる多様化によって「対立」が生じ、かつフランデレン・カトリック党（およびルテルム）は自律性を喪失し、態度の変化を困難にして、長期化したとまとめられるだろう。

ただし、フランデレン・カトリック党以外の政党であれば、N-VA との関係をそれほど考慮する必要はなかった。その後、フランデレン自由党のヴェルホフスタットに主導権が渡ったことは幸いであった。

(2) 連邦化と 2007 年政権交渉

以下では 2007 年の交渉について「連邦制の効果」を考察する。本節の意図は、以上のような「多様化」、「自律性の喪失」といった長期化の要因を、連邦制（政党システムの多層化）が強めていたのかどうかを検討することにある。

図9 2007年政治危機の背景

ベルギー (150) 2007 年の交渉結果（暫定政権）					
	<u>フラ自由</u> (18)	フラ・カト (26)	ワロ社会 (20)	ワロ自由 (23)	ワロ・カト (10)
フラ社会 + VP* (25)	フラ自由 (25)	<u>フラ・カト + N-VA</u> (35)	<u>ワロ社会</u> (34)		ワロ・カト (14)
フランデレン (124) 2004 年から			ワロン (75) 2004 年から		

注1：下線は首相所属政党
注2：*は国民党。Spirit が改名した
出典：Deschouwer 2009a F.6. より筆者作成

図9はデスハウアーによるもので，2004年に決定された各地域政府の与党（数字は議席数）を下段に，また今回の2007年以降の交渉の結果，連邦政府与党を上段に記したものである。

　図9から，フランデレン・カトリック党のおかれた状況に注目したい。2004年の地域議会選挙でN-VAとカルテルを組んで勝利してともにフランデレン地域政府に入ったフランデレン・カトリック党は，連邦政府形成の交渉においてN-VAと行動をともにせざるをえなかった。なぜなら，この交渉でN-VAを裏切れば，地域政府におけるN-VAとの関係が悪化するかもしれないからである。つまり連邦化によって政党システムが中央と地域とに分断したこと（政党システムの多層化）が，フランデレン・カトリック党のN-VAに対する「自律性」を喪失させたと考えられる。

　なお，このときフランデレン地域政府首相に指名されたフランデレン・カトリック党のペータースが今後抱えていくことになる苦悩は，2010年の交渉について検討する際に記すことにするが，2007年の交渉において，連邦制導入によって生じた政党システムの多層化は，フランデレン・カトリック党の内部にN-VAとの協調を重視するペータースら「地域」派と，中央での合意を重視する党首ベーケら「連邦派」との「対立」を生み出し，ワロン側への「追従」を困難にした。これによって「逆説」的効果が生じ，ルテルムは交渉のとりまとめ者として，本質的にレームダックへと追い詰められていたのである。

　結局この交渉では何も決まらず，国王の主導による暫定政権が成立しただけであった。暫定の首相に就いたヴェルホフスタットは，就任直後の2008年1月9日に「わたしの役割はルテルム〔政権成立〕を手伝うだけであり，最終的な責任は彼（ルテルム当時副首相）にある」と述べている。

その後ベルギーは，同じ問題を抱えたまま，ヴェルホフスタットによる暫定政権（2007年12月〜2008年3月），ルテルム政権（2008年3月〜2008年12月），ファンロンパイ政権（2008年12月〜2009年12月），第二次ルテルム政権（2009年12月〜2010年3月）と，矢継ぎ早に政権交代を繰り返したのである。

第5章

2010年政治危機

ディ・ルポ（SPÖ Presse und Kommunikation/ Wikimedia Commons/CC BY-SA）

　ベルギーでは，2010年3月のルテルム第二次政権辞職を受け，同年6月13日に連邦議会選挙が実施された。主な争点は，やはりBHV問題と，経済格差に伴う，社会保障など財源の分割であった。

　選挙では，地域主義政党である新フランデレン同盟（N-VA）が単独で勝利し，交渉は再び難航した。ここでもやはり連邦制導入による「合意」の阻害が生じていた。しかし（連邦制を導入したことで選挙の回数が増えて）次の選挙が近づいてくると，各党は，次の選挙での「罰則」を恐れて，妥協を許さないN-VAを排除し，合意に向かったのである。

1 2010年分裂危機

(1) 2010年6月選挙結果

2010年6月に行われた選挙の結果を以下に示す（表10）。

本選挙では，2007年選挙時に，CDV（フランデレン・カトリック党）と選挙カルテルを形成し共通の候補者名簿リストを掲げたフランデレン地域主義政党，新フランデレン同盟（N-VA）が躍進し，単独で勝利した。

N-VAは2007年の政権形成交渉のさい，フランデレンの分権化を進めようと主張し，将来的な独立も辞さないと訴え，交渉を長びかせる原因となった政党である。しかし，結局2008年3月に成立した第一次ルテルム政権から離脱した。第一次ルテルム政権は公約としてBHV問題の解決を掲げてはいたものの，「分割」を明言するものではなく，それは単なる妥協にすぎないとして，政権から離

表10 選挙結果

フランデレン	
政党	議席数（前回からの増減）
N-VA（地域主義）	27（＋23）
CDV（キリ民）	17（− 9）
SP.a（社会）	13（− 1）
OpenVLD（自由）	13（− 5）
VB（極右）	12（− 5）
Groen！（環境）	5（− 1）
LDD（ポピュリスト）	1（− 4）

ワロン	
政党	議席数（前回からの増減）
PS（社会）	26（＋ 6）
MR（自由）	18（− 5）
CDH（キリ民）	9（− 1）
Ecolo（環境）	8　（0）
PP（ポピュリスト）	1（＋ 1）

出典：INTER-PARLIAMENTARY UNION
　　　http://www.ipu.org/parline/reports/2029_E.htm（最終アクセス2011年9月30日）より筆者作成

脱(閣外協力)したのである。2010年の選挙においては，その妥協せぬ態度が支持されたともいわれる(*De Standaard* 15/06/2010)。

また彼らが2010年選挙戦で掲げた「考え，勇気をもって，行動しよう(DENKEN.DURVEN.DOEN)」が効果的であったともいわれる(*De Morgen* 28/12/2011)。というのも，ワロン社会党(PS)が掲げたのは「人びとに保障を。できるだけすべてを今のまま，十分に」であった。つまり，前者は「変革」，後者は「現状維持」を訴えた。変化を望むフランデレン有権者から効果的に集票しえたのである。

実はこの間のフランデレン地域議会選挙(2009年)においても，フランデレン・カトリック党は選挙で「フランデレンのために」(CDV HP)を打ち出している。しかし，この2010年6月の国政選挙では，フランデレン・カトリック党はマニフェストとして「フランデレン」を大きく掲げていない(CDV HP)[1]。そしてこの選挙ではN-VAが単独で勝利し，他方でフランデレン・カトリック党の得票率は過去最低を更新した[2]。

こうした結果により，ベルギーはまた分裂(危機)かと騒がれたわけである。以下，その後の交渉過程を追う。

(2) 交渉過程

まず，この過程を便宜的に三つのラウンドに分けて概要を説明す

---

[1] もちろん国家改革などの論点は述べられているが，少なくとも見出し，キャッチフレーズのレベルでは記されていない。
[2] これは，スティーヴン・ヴァンヘッケが述べる「この〔2007年の〕成功の大部分はフラマンの自治を強化するカルテルに負うことの強調にあった」(Van Hecke, 2012：6)，すなわちN-VAとのカルテルによって勝利したことを裏付けるものであった。

表11 2010〜2011年危機の政治過程

月日	政治過程
第1ラウンド（2010年6月14日〜9月3日）：社会党ディ・ルポの交渉	
6/14	N-VAのデ・ウェヴェールが情報提供者に
6/17	デ・ウェヴェール，ワロン社会党のディ・ルポを軸に，フランデレン（カト，N-VA，社会）とワロン（社会，カト，環境）連合を提案するが，合意できないと報告（7/8）
7/9	デ・ウェヴェール辞職し，国王はディ・ルポを「準組閣担当者」に指名。改憲のために全政党を招集，交渉開始
7/29	フランデレン（N-VA，フランデレン・カトリック党）とワロン（社会党）が互いに「交渉に応じない」と非難。結局ディ・ルポは国王に辞任申し出（9/3）
第2ラウンド（9月5日〜2011年3月1日）：長い調停と失敗	
9/5	国王，N-VA（上院議長）のピエテルスとワロン社会党（下院議長）のフラーエを共同調停者に指名。ワロン社会党とN-VAの話し合いへ
9/17	N-VAと社会党，互いに非難
10/4	デ・ウェヴェール，交渉撤退を宣言。「子供だましのゲームには加わらない」。他方でワロン側は「交渉を頓挫させたのはデ・ウェヴェール」
10/5	国王，ピエテルスとフラーエを解任
10/8	国王，デ・ウェヴェールに「10日以内に論点の明確化」を指示
10/17	デ・ウェヴェール，BHVの分割を提示。ワロン政党は即拒絶（10/18）
10/21	国王，前フランデレン社会党党首，ヴァンデ・ラノッテを調停者に指名。しかしN-VA，PSとも交渉せず。そのままクリスマス休暇
1/3	ヴァンデ・ラノッテ，合意案を各党に提示（地域政府の課税権拡大，条件付BHV分割）
1/4	ワロン譲歩。しかしフランデレン反対
1/6	ヴァンデ・ラノッテ，辞意表明するが，国王は慰留。デ・ウェヴェールとディ・ルポに，協力を促す。しかし，フランデレン側は交渉すら拒絶
1/10	国王，前政権ルテルムに予算審議を指示
1/23	35,000人規模の政治批判（shame!）デモ発生
1/26	ヴァンデ・ラノッテ，再び辞意表明し，国王受理。ワロン自由党のレンデルスに情報提供者として調停を依頼
3/1	レンデルス，合意案も提示できず辞意表明。フランデレン・カトリック党党首のベーケが調停者に指名される（3/2）

第3ラウンド （5月12日～12月6日）：ディ・ルポ政権への途	
5/12	長期の交渉の末，ディ・ルポが再び組閣担当者となる。各党と交渉開始。N-VAは国王を批判
7/14	ディ・ルポの合意案（条件付きBHV分割）をフランデレン政党（N-VA）側が否決。ディ・ルポ，辞任を申し出るが，国王受理せず
7/21	国王，欧州危機のなかでこれ以上無政府状態は許されない（8月半ばに再開，決定せよ）と演説。またルテルム暫定首相，予算決定のためには9月2日までに政権を，と発言。フランデレン・カトリック党がN-VAを外した政権形成を示唆。フランデレン・カトリック党のベーケ，N-VA無しで交渉テーブルに着くことを承諾
8/19	ディ・ルポ，改訂合意案（無条件BHV分割）を提示。各党検討に入る
9/6	フランデレン諸政党も合意し，ルテルムが再び組閣担当者へ
9/14	ルテルム暫定首相，辞意が伝えられる。翌日には否定
9/15	緊急ミーティングでBHV分割合意
10/7	その他の改革を含めた政策案が発表される
10/30	原発全廃政策が公表される。政権予定政党は次年度予算を検討
11/21	予算案で折り合いつかず，ディ・ルポ辞意表明。国王，受理せず
11/26	ディ・ルポ，辞任せず，予算案合意
12/6	ディ・ルポ政権成立

出典：*Le Soir* 紙，*De Standaard* 紙をもとに筆者作成

る（表11参照）。

第1ラウンド

実は選挙を見越して，以前からデハーネ元首相ら有力者は「次期選挙のため」BHV分割の具体的提案を公言していた（*De Standaard* 11/04/2010）。そのため，BHV分割を強く主張していたN-VAを中心に政権交渉に入ることは比較的スムーズであった[3]。

---

3) このデハーネの提案は，ワロン・カトリック党であるCDHのミルケが，BHVの改革だけでは「きわめて不十分」（何らかの補償が必要）と反対して，進まなかった（*De Standaard* 12/04/2010）。ただし既成政党のうち最もBHV分割に強硬な姿勢を示していたCDHが，BHV分割に耳を傾けたとも映る。

選挙後，国王アルベール2世は，「選挙結果にもとづいて」，第一党党首であるデ・ウェヴェール（N-VA）を情報提供者に指名する（*De Standaard* 14/07/2010）。新聞各紙は，この交渉が難しいと報じたが，デ・ウェヴェール自身は意欲を見せ，「終わりのない議論はない」，「2週間以内でこの任務を終わらせる〔＝施政方針案，政権組み合わせ，首相の目途を立てる〕」と発言していた。彼は，当時のフランデレン地域政府（N-VA，フランデレン・カトリック党，フランデレン社会党）とワロン地域政府（ワロン社会党，ワロン・カトリック党，ワロン環境政党）を合わせた6党連立（両地方政府を反映した「鏡写し政府」）を目指していた。それにより，その後の政局運営を円滑に進める狙いがあった（*De Standaard* 23/07/2010）。

　しかし1カ月後の7月9日，デ・ウェヴェールは「福祉国家改革についてかなりの程度の一致点を見いだした」，「我々はともに互いの意見の相違はあっても歩み寄れることを確認し合うことができた。しかし，その詳細を詰めようとすると，その一致点は，晴れた日の雪のように解けてしまう」（*De Standaard* 14/07/2010）と交渉の最終的な決裂を宣言して，情報提供者を辞職する。

　こうした状況で，国王は，ワロン社会党党首のディ・ルポを「準組閣担当者」に指名し，デ・ウェヴェールとの連立形成を示唆した（*De Standaard* 14/07/2010）。このディ・ルポによる第1ラウンドの交渉内容は「マスコミのリークを防ぐため」という理由で（*De Standaard* 08/09/2010）十分に明らかにされていないが，現在知りうる範囲では以下のような論点が問題となった。

　第一に，選挙区がフランデレン選挙区とワロン選挙区とに分割されていることが問題とされた。それがBHVという複雑な選挙区を生み出しているからである。そのためBHV問題の抜本的解決のため「全国一区選挙制」が議論された。しかしデ・ウェヴェールが反

対したため，ここでの合意はなされなかった（*De Standaard* 28/07/2010）。

とくに後半では，ワロン地域への拠出金増額（経済格差）という問題が，BHV 分割の「交換条件」と化していた。たとえばワロンの政党は，BHV を分割するのであれば，ブリュッセル地域やワロン地域への拠出金を増やすことを補償として要求した。しかし，フランデレン側の N-VA とフランデレン・カトリック党は「BHV を分割しなければ，〔ワロンへの〕拠出は認めない」（「条件付きで BHV を分割することは認められない」の意）と主張し譲らず，交渉は決裂する（*De Standaard* 15/09/2010）。

結局ディ・ルポは，「交渉の席についたほとんどの政党は，それぞれ合意を望んでいることは明らかにしていた。ほぼ最終的な合意ラインまでは達していた。しかしギリギリのところで国家を改革するチャンスを逃してしまった」（*Le Soir* 08/09/2010），他方デ・ウェヴェールは，「我々は懸命に解決方法を探した。しかし，結局できなかった」（*Le Soir* 08/09/2010）と互いに交渉決裂を宣言するに至る。

第二に，2009 年の地域政府選挙によって形成されたフランデレン，ワロンそれぞれの地域政府与党（後述。図 10 参照のこと）を組み合わせて連邦政府を形成（鏡写し）しようと交渉してきたことによる齟齬も見られた。すなわち，ワロン環境政党（Ecolo）の参入をめぐり，交渉が停滞したのである。Ecolo 側は，第一党の新フランデレン同盟（N-VA）が原発存続を支持していることに対する嫌悪を露わにしていた。また，逆に Ecolo 参入に対して N-VA も反対した（*Le Soir* 01/08/2010）。

さらに Ecolo に代わり，9 月にはワロン自由党（MR）が，「小さな政府」すなわち「連邦政府の縮小」（＝地域への権限委譲）を支持

して，交渉参加を表明した。「分権化の推進」で一致するN-VAはMR参入を支持した。しかし両社会党が「大きな政府」を主張してMRの参入に反対した。またフランデレン・カトリック党も，1999年に自分たちを政権から追いやった自由党との連立を再び固辞し，この組み合わせも成立することはなかった。結局第1ラウンドの交渉は，「それぞれが互いに批判」することで「ゼロになった」，「何ももたらさない」まま終わることになった (*De Standaard* 08/09/2010)。すなわち，第1ラウンドでは，既に成立していた二つの地域政府与党間の合意形成が目指されたが，まさにそれによって，交渉が混乱し決裂したといえる。

第2ラウンド

第1ラウンドの交渉決裂を受けて，国王は次々と「調停者」を立てる。デ・ウェヴェールとディ・ルポの溝が埋まらないため，またディ・ルポの落胆の具合は大きく，容易に新しい交渉に入るようにはみえなかったため，両者を調停するためである。

最初に指名されたワロン社会党のフラーエらは，二人が再び交渉のテーブルにつくよう説得を試みた (*De Standaard* 08/09/2010)。実は，両者が結局同じ交渉テーブルにつくことは，このあと約10カ月の間（公式には）なかった。キーパーソンとなるワロン社会党のディ・ルポとデ・ウェヴェールの間を調停者は行き来し，それぞれの意見を聞き，合意案をまとめる。

しかし，第1ラウンド後，ディ・ルポのみならずデ・ウェヴェールも実は「孤独を感じていた。それが，彼を合意に向かわせることに躊躇させた」(*De Standaard* 16/02/2011)。つまり，ディ・ルポとデ・ウェヴェールにとって，直接対話を回避し合意に促そうとする調停者の存在は，実は「新しい合意を見つけるための煙幕にしかな

っていなかった」(*De Standaard* 08/09/2010) のである。結果的に交渉当事者たちは，自らの意見を主張し続けただけであった。

　こうしたなかで国王はデ・ウェヴェールに「論点の明確化」を指示するが，デ・ウェヴェールの意見は変わらず，BHV の分割，財源の分割を主張する。こうした変わらない態度にワロン政党は「深く失望した」，「我々に対する挑発」，「不平等」，「党派的」と徹底的に批判する (*De Standaard* 20/10/2010)。逆にフランデレン側は「この案〔デ・ウェヴェール案〕を土台に議論を進める以外の選択肢はない」と支持し，さらにそれに対してワロン社会党のディ・ルポが「ワロンとブリュッセルの発展を握りつぶし，ワロンとブリュッセルの福祉を危険にさらす」(*De Standaard* 20/10/2010) と応じた。彼によれば，欧州危機のなかでブリュッセルが EU の首都としての機能を果たすために，どうしてもブリュッセルへの国庫補助が必要であった (RTBF 05/07/2011)。

　また，ワロン地域政府首相であるワロン社会党のデモッタは「他国の例が示すように連邦制は適した制度である。ベルギーの内部でなお機能しうる」(＝これ以上の改革は不要) と，フランデレンの改革要求を非難する公式見解を示した (Demotte 22/09/2010)。フランデレンとワロンが互いを批判し合う対立の時であった。

　さらにその後調停者に指名されたフランデレン社会党のヴァンデ・ラノッテは，再び「鏡写し」政府を模索した。しかし，大寒波が到来し，雪による交通マヒも生じ，彼は PS と N-VA の間を行き来することに時間を消耗することになる。

　ヴァンデ・ラノッテが提案したのは BHV の部分的分割，課税権の分権化等である。この案をフランデレンはやはり条件付きの BHV 分割であると認めず，逆にワロン側は N-VA を除いた政権形成を要求した。しかし，N-VA を欠いた連立政権では，制度改革

（憲法改正）に必要な議席数に届かないため，フランデレン・カトリック党が反対し，ヴァンデ・ラノッテは結果的に事態を「まったく進展させることができなかった」（*De Standaard* 27/01/2011）と表明し，辞職するに至る。

次に国王は，ワロン自由党党首レンデルスに調停を依頼する。先に記したとおり，第一党であるN-VAが自由党を支持していたからである。N-VAは自由党が首班であるならば閣外協力してもよいと示唆していた。しかし「小さな政府」を掲げる自由党参入に対する社会党の不信感は高く，また他のフランデレン政党は，N-VAが政権を外れることで，再び選挙で支持を集めることを恐れ，一致して自由党の参入を拒否し，レンデルスは辞職する（*De Standaard* 16/02/2011）。ここでは，フランデレン諸政党が「次期選挙」での敗北を恐れて合意が不可能となり対立が生じているといえる。

第2ラウンドにおいては，実は調停者の存在が「煙幕」となってしまうことによって，両者は直接に対話することがなく，それがゆえに「孤独を感じ」，自らの政策案を主張し続けざるをえない状況に陥ってしまった，というべきであろう。

ただし，この時期が交渉アクターの「対立」だけの不毛な時期であった，というわけでもない。というのも，「対立」のなかから「N-VAを外した政権形成」構想の萌芽がみられるからである。N-VAも「閣外協力」を示唆するなど，必ずしも政権参加にこだわらない姿勢を示し始めている。やはり「対立」の高まりによって，交渉アクターが態度を修正することとなった。すなわち，交渉はここから合意へと向かっていく。続いて第3ラウンドの概要を記す。

第3ラウンド

度重なる調停の失敗により，政治空白の世界記録を更新し，さら

に大小を問わず市民のデモが生じて，国王は N-VA と前回選挙時から行動を共にしてきたフランデレン・カトリック党のベーケに調停を依頼し，これを通じて 2011 年 5 月には，ディ・ルポが組閣担当者に指名される。その後ディ・ルポは時間をかけて合意案（BHV の条件的分割。すなわち分割の補償としてワロンへの拠出増額）を 7 月にフランデレン側に提案する。と同時に，ディ・ルポは「わたしたちはフランデレン・カトリック党をテーブルに招いている。自らの立場〔N-VA を支持するか，それとも N-VA とは別に連立に加わるか〕をはっきりしてもらいたい」と，N-VA を支持してきたフランデレン・カトリック党に呼びかけた。徐々に「フランデレン・カトリック党は N-VA の後ろに隠れていたことを批判されるようになってきた」のである（*De Standaard* 20/07/2011）。

フランデレン・カトリック党側では，一方でペータース（フランデレン・カトリック党所属で当時フランデレン地域政府首相）が「ディ・ルポは戻り，提案を書き直すべき」と発言し N-VA に同調していた（*De Standaard* 12/07/2011）が，他方で党首であるベーケは，「フランデレン・カトリック党はもしディ・ルポ氏が案を修正〔BHV 分割に対する補償をはずす〕してくれれば，その後交渉の席に着く」（*VRT* 14/07/2011）と，交渉参加に前向きな発言をしていた。ここではフランデレン・カトリック党の党内意見の相違が顕在化しつつあるといえる。

同日，2010 年 10 月 1 日以来約 10 カ月ぶりに 8 政党（フランデレン・ワロンそれぞれのカトリック，自由党，社会党，環境）が交渉テーブルに揃い[4]，フランデレン・カトリック党の要求は何かと追及す

---

4) なお，この会合について，ディ・ルポは，「これは交渉ではない。現状の評価だ」と発言している。

る。同日午後，党首ベーケは，「フランデレン・カトリック党の条件について話す用意がある」と発言し柔軟な態度を見せ始める (*VRT* 14/07/2011)。しかし N-VA は「フランデレン・カトリック党が説得されないことを希望している」と声明を発表し，結局同日の記者会見でフランデレン側はデ・ウェヴェールを中心にディ・ルポ案を拒絶する (VRT 14/07/2011)。

しかし，翌朝ベーケは各党を回り「こちらの要求〔BHV の無条件分割〕に対応するなら交渉に参加する」と交渉に前向きな姿勢を示す (VRT 15/07/2011)。さらに 7 月 21 日には国王が，欧州における欧州危機のなかでベルギー政治の停滞は許されないと公式会見で発言する。ここでの国王の発言が各政党の行動を合意に向けさせたとの見方もある (*Le Soir* 25/07/2011)。

その後ディ・ルポは，「交渉前に BHV という障害を取り除く〔BHV の無条件分割〕」，「〔補償を〕案から消すことはできないが，それは作業グループ〔実務レベル〕を通じて試みる」(VRT 22/07/2011) として，事実上「BHV の無条件分割」を容認する。

結局フランデレン・カトリック党（ベーケ）は，補償なし（無条件）での BHV 分割を前提に，政権形成に向けて前向きに交渉することを表明する (*De Standaard* 26/07/2011)[5]。他方で N-VA はフランデレン・カトリック党の態度の変化を批判し，政権からの離脱を表明して，結局政権交渉はフランデレン，ワロンそれぞれのカトリック，社会，自由の 6 党を中心に進む。

なお，ここでの合意案はディ・ルポのトレード・マークが蝶ネク

---

5) この後，8 月半ばまで交渉の中断を国王は宣言する。これはディ・ルポ周辺スタッフの疲労を考慮したとも，ベーケの提案を裏交渉するためにディ・ルポに時間が必要だったとも言われる。こうした中断は，ベルギーの政権交渉では常であり，クリスマス休暇，イースター休暇等は（裏交渉は別にして）確実に取られることが多い。

タイでもあり,「バタフライ合意案」と呼ばれた。以下にその趣意を記す。

国家改革案（バタフライ合意）の趣意
・2014年選挙に向けてBHV選挙区を分割する。しかし,とくにフランス語話者の多い6地区のみは便宜措置を残す。
・連邦予算の縮小化と地域・共同体政府に対する連邦からの拠出拡大,および地域政府の課税権拡大と運用範囲の拡大。ただしワロンの要求によって,社会保障（年金,失業）の財源は実質的に連邦管轄（運用は共同体政府）。

結局「無条件分割」を認めることによって,ワロンは最終的に「条件」である交付金を獲得するわけである。またBHVはとくにフランス語住民の多い地区の特例を残したまま,部分的に「分割」され,ワロンにとって死活問題の社会保障財源の分割までは（今後の作業グループのゆくえ如何だが）明言されなかった。その意味では玉虫色であり,合意型デモクラシーの伝統に則ったものといえる。

政権成立まで

完全分割とはいえない,妥協的なものだったとはいえ,BHV分割は歴史的合意であった。しかし,BHV問題が解決されても,その後の交渉が順調であったとは必ずしもいえない。たとえば,憲法改正に向けた議席数確保のため,環境政党の閣内外協力をめぐり,原発全廃が合意案に盛り込まれた[6]。

---

6) これは,既に2003年のEcolo入閣時の第二次ヴェルホフスタット政権でも掲げられていた。しかし,その後は一切進んでいなかった。もちろん今回合意案に盛り

さらに，2011年11月には，次年度予算案をめぐり，ディ・ルポ率いるワロン社会党（PS）は「大きな政府」を，自由党が「小さな政府」を目指して対立し，予算が組めないことを理由にディ・ルポが再び辞任を申し出ている。しかし、国王の慰留によりディ・ルポはとどまり，かつ予算案でも妥協され，ようやく12月6日に正式にディ・ルポ6党連立政権が成立した。以下では，この過程から政治危機の要因等を考察する。

2　考察

　以下では，冒頭で掲げた二つの問い，なぜ長期化したか，そして，なぜ合意できたか，という問題を考察する。

(1) 交渉過程からみた長期化の要因
　第一に長期化の要因だが，最初に第1ラウンドでのN-VAに注目しよう。合意案ギリギリまで進みながら，N-VAは最終的に「BHVを分割しなければ，〔ワロンへの〕拠出は認めない」と述べ，合意を拒絶した。デ・ウェヴェールはこの点に強固に固執していた。N-VAの強硬な態度はなぜか。N-VAは党の公式HPで以下のように述べている。

　N-VAはベルギーを終わらせたいのか
　「N-VAは革命を望んではいない。ベルギーからの分裂を見ているわけでもない。しかし，わたしたちはより民主的な，より効率的な国家構造を望んでいる。わたしたちは一歩一歩この改革を，

込まれた背景には福島原発事故があったと思われる。

民主的なやり方で進めたい。」(N-VA 公式 HP)

すなわち N-VA は「革命（＝分裂）」を明言はしていない。むしろそれを否定し「一歩一歩改革を進める」ことを掲げていた。つまり N-VA はフランデレン利益を代表して，国家改革を要求する政党であった[7]。デ・ウェヴェールは，この「選挙前に国家改革が進むことは望まない」とさえ発言していた（*De Standaard* 20/01/2010）[8]。つまり国家改革（分権化）が合意され進展すれば，N-VA は改革を要求してきた政党としての役割を終えることを，デ・ウェヴェールは十分に認識していたと考えられる。換言すれば，N-VA はフランデレン地域政府与党として，そしてフランデレン地域政府の代表者として「改革を要求する」立場に固執して，合意（政権成立）自体に反対し続けたのである。

第2ラウンドをみた場合，調停者が次々と失敗し，不毛な議論，「対立」を招いた。この点について，調停者が交渉アクターの間に入り合意案を策定するという慣例のゆえに「煙幕」が生じ，交渉アクターが直接対話をすることがなかったという点に注目したい。すなわち，ベルギーの政権形成交渉の慣例が，逆に交渉アクターの対話を妨げて，ワルグレーヴらが指摘した「コミュニケーション」の不全を招いたのである。

では，そこから脱して最終的に合意できたのはなぜだろうか。そこで以下では，合意の転機として，フランデレン・カトリック党の

---

[7] ただし，連立交渉での強硬な態度によって，N-VA とデ・ウェヴェールは，周囲から「隠れた分離主義者」と認識されていた（松尾 2014）。
[8] しばしば言われるような，極右勢力の「成功の故の失敗」（Delwit *et al.*, 2011：12）を恐れたと考えられる。N-VA の前身である VU がかつて入閣し，分権化を進めた後，支持を低下させたことがある。

態度の転換について考察したい。

(2) 合意の要因

この点については、以下の背景を挙げることができる。第一に、2011年7月21日の国王によるスピーチの影響力である。欧州のユーロ危機、過去1980年で最悪の経済状況で政治の停滞を叱責する国王のスピーチは、アクター全体の意志と行動を、「対立」から「合意」形成へと方向転換させた可能性がある。また第二に、2012年度予算を、10月にEUに報告する必要もあった。EUが設定したタイムリミットが、交渉アクターに圧力をかけたのである。

しかし、これらの外生的要因以上に、冒頭で述べた趣旨に従い、制度的、内生的要因に注目したい。とくに、2011年3月からワロン政党がN-VAを外した政権を要求していた（*De Standaard* 25/03/2011）が、これがフランデレン・カトリック党に圧力となっていた。ではフランデレン・カトリック党はそれまでN-VAを支持し、全体の合意形成に対して「対立」していたのに、なぜこれらの圧力に「追従」したのだろうか。

党首であるベーケは、2011年8月のフランデレン・カトリック党10周年記念講演で、「我々は現状維持〔PS〕でもなく破壊者〔N-VA〕でもなく、交渉者である」（Beke 27/08/2011）と宣言しており、さらに後に、自身のHPで「N-VAは歴史を破壊するべきではない」、「〔フランデレン・カトリック党の〕交渉参加は事前に準備されていた」とも述べていた（Beke 07/01/2012）。

その背景として、同講演でベーケが以下のように述べていることに注目したい。

「10年前、連邦政府でも、フランデレン政府でもフ・ラ・ン・デ・レ・

ン・カトリック党は野党だった。自由主義者，社会主義者，環境主義者，フランデレン地域主義者（Spirit）は我々を野党に追いやった。……フランデレン・カトリック党には向かい風のときだった。……福祉を作り出せるのはキリスト教民主主義者である。われわれこそが国家改革を主導できる。経済危機後の巨大な財政赤字を処理できるのは，キリスト教民主主義による政府しかない」（Beke 27/08/2011. 傍点は筆者による。以下同じ）。

また後に，以下のように述べている。

「政権に参加することは我々にとって良いことであると信じている。その結果は共同体，地域レベルにも我々のメッセージを伝えることになろう」
　「2010 年，2011 年のフランデレン・カトリック党の問題は信任にあった。……我々はベルギーを改革したい。破壊するのではない」（Beke 07/01/2012）。

すなわちフランデレン・カトリック党は 1999 年以降野党であり，2007 年の選挙で，ルテルムの地域主義的アピールで政権に返り咲いた。しかしその後のルテルム政権の不手際が原因で，「信任」を問われ，2010 年 6 月の選挙では N-VA に敗北した。そこで N-VA が掲げる分離主義と決別し，政権参入することによって，2010 年以降の不利を覆そうと方向転換したわけである。つまり 2011 年 7 月の急展開は，ベーケの政権参加に対する強い意欲による。換言すれば，2012 年以降の選挙（「次期選挙」）への影響を考慮し，「報酬」を獲得しようとして他のアクターに「追従」することとなったのである。

ベーケは，2011年8月26日のフランデレン・カトリック党党首脳部集会において「政治的決断です。大前提は満たされましたがまだ十分ではありません」（CDV 26/08/2011）と述べており，政策的には今回の合意案がまだ不十分であることを公式に発言している。ということは，翻って，ベーケの転回が政策的な意図からではなく，むしろポスト獲得志向ないし得票最大化志向（Müller and Strøm 1999）から生じていることを示すものであろう。合意形成の要因は，党首ベーケの政権獲得への意欲にあった。

　ただし，このベーケの「追従」への転換によって，再びフランデレン・カトリック党が困難な状況に陥っていることを指摘しておきたい。そもそも2007年の選挙の勝利は，N-VAとの選挙連合に負うといわれている（Van Hecke 2012）。さらに，それに加えて，フランデレン・カトリック党はフランデレン地域政府において，与党としてN-VAと協力する必要性がある。N-VA側は「この不確実性〔＝ワロンとの協議による政策の不透明性〕を解消するために，フランデレンの主要政党，N-VA，フランデレン・カトリック党，SP.aはともに……改革作業を始めなければならない」と，フランデレン政府与党の一致を強調し続けていた（N-VA 06/07/2011）。またそれに応じるように，フランデレン・カトリック党でフランデレン政府首相のペータースも，周囲の圧力のなかで「わたしは両党（フランデレン・カトリック党とN-VA）の連立を望む」（VRT 08/05/2011）と発言し続けていた。さらにペータースはその後の（ベーケ主導の）合意案に対しても「コメントしない」（*De Standaard* 11/10/2010）と応え，一定の距離を保っている。

　つまりフランデレン・カトリック党はフランデレン地域政府（首相所属政党）として「地域」利益を優先する（N-VAとの協調）か，それとも「地域」利益よりも「国家（連邦）」を重視して連邦政府

へ参入するかという選択を迫られていた。これによってフランデレン・カトリック党は内的亀裂を抱え，さらにその亀裂のゆえに態度の転回は時間を要し，交渉が長期にわたったことが，この第3ラウンドの考察から明らかになる[9]。以下では，ここまでの考察をもとに「連邦制の効果」について検討してみたい。

(3) 連邦制と2010年連立交渉

　以下では，連邦制度が交渉アクターに与える影響として「政党システムの多層化」という点に注目する。以下の図10はデスハウアーの手法に従い，2009年に決定された各地域政府の与党（数字は議席数）を下段に，また今回の2010年以降の長期の交渉の結果決定した連邦政府与党を上段に記したものである。

　とくに第1ラウンドでは，両地域政府与党を併せた，地域政府の「鏡写し」政府が模索された（N-VA，フランデレンのカトリック党および社会党，ワロンの社会党およびカトリック党による6党連立）。しかし，そもそもこの時期ワロンとフランデレンの両地域政府は，BHV分割問題や経済格差の問題をめぐり対立していた。対立する二つの地域の政府（与党）を中央で合意させる試みは困難であった。ベルギーの多層化した政党システムにおいては——連邦化によって相対的に地域利益が重要性を増しているため——連邦（中央）政権形成の場は，対立する二つの地域利益が対峙する場となっていた。とくにフランデレン地域政党として台頭してきたN-VAにとって，この対峙する場での合意はできなかった。政党システムが「連邦」

---

[9] 実はこの交渉期間において，聖職者の幼児に対する性的虐待が発覚し，ベルギーのカトリック教会および政治全体を巻き込む大事件となった。この問題はカトリック政党のリーダーたちの動向を制約することになったと考えられる（詳しくは，Arcq et Sägesser 2011）。

図10 2010年政治危機と連邦制

	ベルギー (150) 2010年からの交渉結果						
	フラ社会 (13)	フラ自由 (13)	フラ・カト (17)	<u>ワロ社会</u> (26)	ワロ自由 (18)	ワロ・カト (9)	
N-VA (16)	フラ社会 (18)		フラ・カト (30)	<u>ワロ社会</u> (29)		ワロ・カト (13)	ワロ環境 (14)
フランデレン (124) 2009年から				ワロン (75) 2009年から			

注:下線は首相所属政党
出典:筆者作成

と両「地域」とに多層化したことの負の影響である。

　第二に,2007年同様に,個々のアクター(政党)内部においても,「地域派」VS「連邦派」の齟齬が生じ,地域政府与党であるフランデレン・カトリック党の意志の変化には時間を要し,合意形成が困難になった。換言すれば,ベルギー連邦制度の下では,個々の政党も「多層化」し,中央の交渉アクターが地域利益に左右されやすくなり「自律性」を喪失し,「対立」を招いたといえる。これも連邦制が政党システムを多層化したことによる,ネガティヴな結果である。

　次に第2ラウンドから,交渉アクター当事者間の直接対話を欠いた結果,「対立」を促した,すなわち,コミュニケーション不足が「対立」を促進する可能性をみた。しかし,これは,主として次々と調停者等を立てるベルギーの政権形成交渉の慣例が「煙幕」となってしまった可能性が高いと考えられる。かつて,こうした調停者による仲介行為は「冷却期間」と呼ばれ対立を沈静化させる機能を担っているといわれていたが,今回の交渉においては——そもそもの要因は争点の難しさ等にあるだろうが——むしろ対立促進期間と化したのである。

　逆に,第3ラウンドにおけるフランデレン・カトリック党の態度

第5章　2010年政治危機　　149

変化の背景には，リーダーの「次期選挙」に対する考慮があった。それがゆえワロンに「追従」し，「合意」が可能になったのである。この点で連邦制の導入は，地域，連邦と選挙の数を明らかに増やす。それは，各アクターに「次期選挙」の機会を次々と与えることになる。

　しかし，選挙の数を増やすことが，必ずしも常に合意を促進するわけではない。第2ラウンドにおいては，フランデレン諸政党がN-VAの躍進を恐れてN-VAを支持し，合意形成を困難にしていた。また，2011年12月の世論調査では，フランデレン・カトリック党は態度を変えたため不人気であり，「筋を通した」N-VA支持が高い。この点を考慮すると，「次期選挙」の影響は各アクターの「見込み次第」である。今回の場合，1年半もの長期間（次回選挙まであと1年を切る）の不毛な交渉が，「合意」への圧力を生み出したと考えられる。

　以上を整理すると，今回のベルギーの政権合意の長期化は，第一に，連邦化によってアクターが多層化して交渉アクターの自律性を低下させたために，政党間および政党内合意形成を難しくしたことによって，第二に，調停者の存在がコミュニケーション不全を導き，対立へと促されたことによって生じた（ただし，これはベルギー特有の慣例に負う）。さらに，第三に，連邦化が選挙を多数化することによって——さらにその時々のアクターの見込みによって左右され——交渉過程が混乱したことによるといえるだろう[10]。

---

10) もう少し考察するならば，ベルギーのフランデレン・カトリック党を見る限り，時間がかかれば次の選挙が近づくために，合意が形成されやすくなるということもいっていいかもしれない。もしそうであれば，この点で連邦制度は，「次期選挙」によるネガティヴな効果をいったんは強めるが，ある閾値に達したとき，ポジティヴな効果を与える可能性が高まるということができる。

「連邦制の効果」という点で還元しうる知見をまとめると，以下のようになろう。

　第一に，連邦化は政党システムを多層化し，交渉アクターの中央での合意を困難にし，かつ政党内部にも亀裂を生み出しやすく，交渉アクターの自律性を喪失させ，政権合意形成を困難にする。すなわち多民族国家においてはネガティヴな効果を与える。

　第二に，選挙の数を増やすため，アクターの行動がよりポスト獲得・得票最大化という意図——その帰結はアクターの認識により様々だが——に左右されやすくなる。

　最後に，合意形成交渉過程における「コミュニケーション」の影響は大きいが，これはむしろベルギー固有の政権形成の慣例の影響が大きいと考えられる。また「手続きコスト」についても，そもそも政権形成という非日常的行動であるがゆえに合意形成を困難にしていることに加え，やはりベルギー固有の慣例によって影響されて合意形成を阻害する要因となっているというべきであろう。

　本章を締めるに当たり，以下の点を指摘しておきたい。2007年時には「経済格差」と「BHV問題」が交互に争点となり交渉が混乱した。しかし2010年の際には二つの争点が「交換条件」となった。問題は拠出金に絞られたのである。あたかもBHV問題は取引材料のように扱われた。そのことはBHV問題の本質を明らかにする。

　BHV問題は選挙区の区割りをめぐる問題だった。換言すればゲリマンダリングの対立だったとも言える。つまりBHV問題は，きわめて「政治的」な問題だったのである。そして，この問題を通じて選挙区割り，議席獲得を争って語られた言説が「ベルギー分裂」であった。すなわち，「ベルギー分裂」は政治的な集票言説にすぎなかった。だとすれば，そこに逆に「ベルギー存続」の可能性を見いだすこともできるはずだ。このことは次章で再び触れることとする。

考察と結論

　本章では,ここまでの議論を改めて整理,総括し,さらに一連の分裂危機後のベルギー政治の状況について今後の展望を記したい。なぜ分裂危機が生じたのか。第二に,ではなぜ「分裂」には至らなかったのか。それを整理したのち,分裂危機後,執筆時点のベルギーの政治動向に触れながら,ここでの知見を考察する。

1　結論――分裂危機はなぜか

(1) 1990年代のアクターの変容

　なぜ分裂危機は生じたのか。そしてなぜ分裂に至らず「危機」でとどまったのか。連邦制導入と交渉過程の関係を見る前に,1990年代に生じた主要政党の変化について整理しておきたい。とくにフランデレンにおける主要政党の変化は重要であった。その変化を引き起こした背景として,(1) 国際的環境の変化,(2) 国内的環境の変化,の二つが挙げられる。

　(1) 国際的環境の変化とは,主に冷戦終結後のグローバル化の進展を意味する。グローバル化の進展は新自由主義の台頭を引き起こした。これによってベルギー政治において従来第三勢力であった自由党が台頭の気運を得て,新リーダーの下で党改革が行われた。そ

の骨子は,第一に「小さな政府」を目指し,その結果「地域主義」を掲げること,第二に,カトリック政党や社会党の従来の政治を「派閥政治」とみなして,それとは差異化した「民主的な政治」を目指し,党内意思決定方式の民主化を進めることである。これによって,自由党はカトリック,社会両政党に匹敵する支持を得ていくことになる。

国際環境の変化はもう一つの政党システムの変化を生み出した。それは移民排斥を掲げる政党の台頭である。とくに1991年の選挙では,極右政党フラームス・ブロックが急成長し,それが,先の自由党,そしてカトリック政党へ改革の圧力となった。

さらに (2) 国内的要因として,第一に,先の (1) 国際的要因の「グローバル化の進展」が生み出した企業間競争の激化によるサベナ航空の倒産,失業者の増加およびデモの頻発が挙げられる。これらはやはり与党としてのカトリック政党に対する不信感を高めることになった。

さらには連邦化による問題も生じた。ブリュッセル地域政府,フランデレン地域政府,ワロン地域政府の間で意見がまとまらず,DHLがベルギーから退出した問題,ワロンの警察に対する批判を喚起したデュトルー事件はその代表的なものである。さらにデュトルー事件は,「ベルギー」の司法のあり方にも疑義を示すことになった。つまり,全般的な「連邦国家ベルギー」に対する政治不信が高まり,その批判を与党であるカトリック政党は一身に受けることになった。

以上のように,自由党やフラームス・ブロックが台頭するなかで,「防疫線」を張りつつ,カトリック政党も党改革を進める。しかし,従来の派閥政治を打破することは難しかった。党執行部がそれを進められなかった最大の要因は,まだ与党であり続けていたことにあ

る。さらに不安定な時代にあって，人びとは中間団体に庇護を求めた。結局従来の派閥政治を打破しきれなかったカトリック政党は1999年に野党に転落する。

　転落後，とくにフランデレン・カトリック党（CVP）は抜本的な党改革を開始するが，それは「顔」の交代にすぎなかった。同時に，都市部より地方ではまだ党に対する有権者の支持が強いことを理由として，「地域主義」化へ動き出した。政党名をキリスト教人民党（CVP）からキリスト教民主フランデレン党（CDV）へと変え，「フランデレンの政党」であることを打ち出していく。同時に，フラン

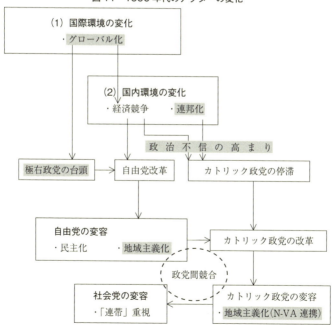

図11　1990年代のアクターの変化

出典：筆者作成

考察と結論　155

デレン地域主義政党 N-VA とカルテルを作り,「フランデレン・キリスト教民主主義」化した。

以上のアクターの変容を図11に整理した。

1990年代の複雑な国際・国内環境の変化は,フランデレン主要政党を「地域主義化」した。しかし,それだけでは,交渉の長期化の要因,さらに「なぜ分裂しなかったのか」という点は十分に明らかにならない。以下では,この点を明らかにするために交渉過程を見て,連邦化が及ぼした影響を整理しよう。

(2) 連邦制の効果

交渉に登場してきたアクターの関係は,フランデレン側が「分離」や「〔経済的〕自由」を掲げ,他方でワロンはそれに反対し,「連帯」を掲げて,そもそも「対立」的であった。交渉の長期化はこの争点の難しさに負う。

しかし,交渉の長期化は,連邦制の導入にも負う。第一に,連邦化が「アクターの多層化」を生み出した。その結果,それぞれの地域政府を構成する政党が,中央（連邦）で「合意」しようとする場合,フランデレンとワロンの地域政府は対立的であるため,どうしても地域政府の意図に引きずられ,中央執行部は「合意」に向けた態度の変化が困難になった。このことが連邦制による交渉長期化の最大の影響である。

さらに付け加えるならば,実は「対立」的な争点を生み出したのも,実は連邦制だった。フランデレンとワロンの経済格差は1960年代以降の課題であるが,連邦化により双方の格差は改善されず,そのままにされた。また,BHV問題も古くからベルギーが抱えていた問題であったが,連邦制導入によって選挙区改革が余儀なくされ,この争点が政治化した。争点を「対立」的にしたのも,連邦化

の副産物であったと言える。

　ただし，長期化の要因としての「コミュニケーション」の阻害は，とくに2010年危機の場合，むしろベルギー固有の政権形成交渉の「慣例」によって引き起こされた側面が強い。次々と変わる「調停者」が当事者間の対話を阻害した。

　以上を整理すれば，この長期の政治危機は，連邦制導入のマイナスの効果（アクターの多層化）と，ベルギー固有の政治制度（調停者）によって生まれた，と整理できる。

　しかし，長期の交渉を合意に向かわせたのも，また連邦化の影響だったといえる。連邦制の導入により様々な選挙が増えていき，「次期選挙」が近づいてくれば，主要な政党は選挙での「罰則」を恐れ，態度を変化し他に「追従」する。時間がかかるが，そのうちに主要政党は合意に至る。以上を図12に整理する。

　ベルギーの場合，政党間競合が高まっていくなかで，各党は選挙で勝利しようとして「国家」を争点化し「地域主義化」し「対立」した。そのため交渉には時間がかかるが，時間がかかれば，次の選

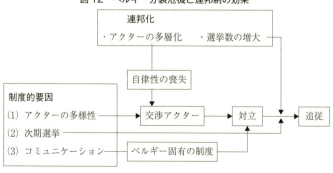

図12　ベルギー分裂危機と連邦制の効果

出典：筆者作成

挙が近づき，合意を急ぎ始める。

　ここから見えることは，連邦制のゆえに「合意」形成を困難にしているが，「ベルギー」を破壊するものではないだろうということである。なぜなら「次期選挙」が近づくことで，アクターは「罰則」を恐れて「合意」に向かった。次期選挙での「罰則」（もしくは「報酬」）は，「ベルギー」が存続しなければありえないと考えられるからである。

　換言すれば，選挙における，またその後の交渉における「分裂」の主張は，選挙のための集票言説にすぎない。つまり，ベルギー連邦制は，確かに「連邦制の逆説」によって「分裂危機」を引き起こした。しかしアクターの間の「対立」を「危機」で留め，真の「分裂」までにはいたらせない制度的装置を備えていたのである。この点を強調すれば，ベルギーの連邦制は「強靱性」をも有していると言うべきかもしれない。

　以下では，現下（2012年以降）のベルギーの状況を考察しながら，本書のまとめへと進みたい。

2　その後のベルギー──柱の自己破壊か，再生産か

　その後，ベルギーの政党は2012年10月の地方統一選の準備に取り掛かっていった。その時点のフランデレン・カトリック党（キリスト教民主フランデレン党）が掲げた党の政策は，以下のようなものであった（CDV HP）。

・4つのV：Verzorgen（ケア・介護）：Vooruitzien（前へ・環境と福祉）：Verbinden（つながり・家族や社会形成）：Versterken（強化・雇用のための教育）

・これらをつなぐキリスト教

　興味深いのは，"V"が，党名の一部である"Vlaams"を直截的に指していないことである。もちろん最後の「強化」においては「フランデレンの強化」が述べられてはいるが，強くは映らない。2012年10月の選挙が地方選であり，その意味であまり「フランデレン」を打ち出す必要はないのかもしれないが，"V"の用いられ方は便宜的と映る。

　2000年代に入り，「地方」重視，そしてルテルムの「フランデレン・キリスト教民主主義」のなかで，むしろ目立っていたのは「フランデレン」であった。現在の状況まで考慮しようとすれば，フランデレン・カトリック党は紆余曲折を経て，改めて（形容詞のない）「キリスト教民主主義」政党に回帰しつつあるといえるかもしれない。

　しかし，状況は流動的である。2012年に行われた地方統一選では，結局成立しなかったもののN-VAと自由党とのカルテルの動きが見られた（*Gazat van Antwerpen* 27/12/2011）。フランデレン・カトリック党は社会党とカルテルを組んで戦った。さらに，その直前のフランデレン・カトリック党のマニフェスト委員会は，「我々はフランデレンの市，町，選挙区，近隣が，人びとが集い，安息，安寧を得られ，あらゆる年代が生きることのできる空間であることを望む」（03/07/2012　CDV　デインゼ支部HP）と，再び「フランデレン」を打ち出してもおり，フランデレン・カトリック党の状況も流動的である。どこにたどり着くべきか，フランデレン・カトリック党のみならず，ベルギーの諸政党はさまよっているようにみえる。

　結局2012年10月に行われた地方統一選挙では，フランデレンのアントウェルペンでN-VAが37.73％の票を得て23議席を獲得し

考察と結論

第一党となり,さらに N-VA の党首であるデ・ウェヴェールが市長となった[1]。逆に極右であるフラームス・ベラングは牙城であったアントウェルペンで大幅に議席を減らした。

他方で極左を名乗る PVDA（Partij van de Arbeid. ベルギー労働者党）がアントウェルペンで4議席を獲得した。また他のフランデレン諸都市（ブリュージュ,ルーヴェン）ではフランデレン・カトリック党と社会党の連合が勝利した。二度の「分裂危機」を経て,フランデレンでも,単純に「地域主義化」と言い切れない,流動化というべき状況が生まれた。この不透明な状況のなかで各政党はどのような戦略を採るのだろうか。

こうした流動化は,現在主に二つの動きを生み出していると考えられる。それは,第一に経済危機に端を発する地域主義政党の組織化の動き,第二に党員を喪失した既成政党の移民集団への接近である。

(1) 地域主義政党の組織化

キリスト教民主フランデレン党（フランデレン・カトリック党）の党首ベーケによれば,「1980 年代初期から CVP/PSC（当時のカトリック政党）は半数の党員と投票者を失った。しかし,組織率〔下位組織加入者数のうちの投票者の割合〕は 10 % を維持している。……1999 年の選挙で CVP（キリスト教人民党。当時のフランデレン・

---

1) なお,CDV（フランデレン・カトリック党）と SP.a（フランデレン社会党）連合が 17 議席。環境政党 Groen! は 4 議席と前回より 2 議席増に対して,極右のフラームス・ベラングは 5 議席（前回比 − 15 議席），自由党（Open VLD）は 2 議席で − 3 議席。（出典：ブリュッセル政府 HP 〈http://bruxelleselections2012.irisnet.be/〉,フランデレン政府 HP 〈http://vlaanderenkiest.be〉,ワロン政府 HP 〈http://elections2012.wallonie.be/results/fr/〉）

カトリック党）は有権者の20％にしか支持されなかったが，2000年に行われた〔ベルギー全国の〕労働組合の代表選出選挙では，57％がカトリック系労組であるACW（キリスト教労働総同盟）を支持した」（Beke 2004：151）。これによれば，労組に対する支持は依然根強く，確かに福祉供給ルートとしての既成政党の柱は存続しているとみることもできる（Van Haute 2012：8）[2]。

しかし「国からの助成金分配の主要なルートである限りは存続しつづける」（Dobbelaere 2010：294）とされる柱は，それゆえに経済不況には大きく影響される。

たとえば，欧州危機下のベルギーで，新フランデレン同盟（N-VA）を支持しているのがフランデレン各地の自営業者団体と各地の商工会議所から成る団体,「フランデレン自営業者ネットワーク」（Vlaams netwerk van ondernemingen. 以下，VOKA）である。

VOKAは2004年に結成された組織で，代表的なフランデレンの自営業者団体を自称している。ブリュッセルとフランデレンの18,000の企業を代表する。1926年に結成されたフランデレン経済協会を母体とし，2004年に設立された。フランデレン経済の繁栄とビジネス言語のオランダ語化を目標とする。若手経営者を中心に「企業と政治」を掲げ，政治への関与を試みる。VOKA独自の健康保険の立ち上げを検討中である（VOKA HP）。

2012年の時点でVOKAのリーダーは，元ヴォルヴォ・ヘント社のCEO，レイマンであるが，彼はCOE退任後フランデレン・カトリック党から議員になり，その後VOKAの代表を務めた。ここからも理解できるように，VOKAとは，かつてフランデレン・カト

---

[2] 党の党員数は110,000名に対してキリスト教労働組合加入者は1,600,000名，共済組合は4,500,000名とされる。

リック党（CDV）を支えていた自営業者の利益団体であった。しかし現在はN-VAへと支持政党を替えている。既にレイマンの前任者はN-VAからフランデレン地域政府の大臣になっている（*Belga* 25/09/2009）。経済不況、ワロンとフランデレンの経済格差が拡がるなかで、彼らはフランデレンの繁栄を目的にして、N-VA支持へと鞍替えしたのである。以下の記述に注目したい。

「……多くのフランデレンの企業家は連邦政府首相、エリオ・ディ・ルポ（ワロン社会党）──何年もフランデレン経済に遅れをとってきたワロン経済の象徴とみなされている──に不信感を抱いている。彼らはディ・ルポを、その経済に対する野心と信用の欠如から非難している。フランデレンのビジネスリーダーたちは、ここ数十年で初めて、企業のレセプションや開会挨拶にも出席しない首相を信用できずにいる。彼らはまたフランデレン自由党（OpenVLD）やキリスト教民主主義者（フランデレン・カトリック党）〔当時の連立与党〕が窮地のなかで自分たちを見捨てるだろうとも感じはじめている。……多くの企業は、なぜ政府が、困難に直面している自分たちを今援助してくれないのか、理解できないでいる。フランデレンの地域主義者、新フランデレン同盟（N-VA）はこの不平と不満の感情を効果的に利用している。N-VA党首のバルト・デ・ウェヴェールは近年いくつも企業クラブを回っている。そして彼の右派的な経済に関する言説が成功している。彼のフランデレン地域主義的スタンスはほとんどのフランデレン企業の国際志向とは対照的であり、党の理念は共有されないが、近年の経済政策に対する批判は一致している」（*De Morgen* 11/23/2012）[3]。

---

3) かつてVBのリーダーであり、現在は反EU政党に加わっているヴァンアッケ

以上の記事は，N-VA が支持された，その組織レベルでの理由を物語る。国家改革をめぐる意見の相違があるにもかかわらず，経済不況のなかで苦悩する自営業者団体に N-VA は接近し，支持を調達したのである。問題は，経済不況のなかで，「金(カネ)」になった。「国家のあり方」などは二の次になってしまったのである。

　さらに N-VA は，ワロンからの支持者を取り込もうとしつつある[4]。その長期的効果を現時点で断定はできないものの，N-VA が一時的なポピュリストから脱して，自らの「柱」の形成を試みているように映る。もしこうした形成途上にある「柱」が，流動化の段階を過ぎて定着していくのだとすれば，ベルギーの合意型デモクラシーのあり方，国のあり方に何らかの変化が生じる可能性も否定はできまい。

　しかし，管見であるが，長い歴史のなかで育まれてきた既成政党の「柱」が簡単に崩れ去るだろうか。この点について，近年の VB の台頭を検討したリュベースによれば，宗教の影響が小さいところで極右が支持されやすい（Lubbers 2001）。つまり，まだカトリックの影響が強い地域では，地域主義政党の支持が強くはない。

　フラームス・ブロック（VB）が台頭していたとき，その支持は議員の「個人的コネクション」に負っていたことを先述したが，他

　　は，「VLD は自営業や起業家たちを失望させた。彼らは今我々を支持している。彼らはまた土台のしっかりした社会経済政策を求めている。……わたしたちが提示しているフランデレンの繁栄を確実にするために必要な手法とは，明らかにかつて野党のリーダーであったヴェルホフスタットが 1999 年に彼の第一次政権を作る以前になした分析と極めて似ている」（De Standaard 15/06/2005）として，自由党（与党）を批判することで自営業や起業家から支持されたが，この手法が N-VA に「伝染」していることを想起させる。

4) 〔フランス語圏の〕ナミュール大学法学教授のヴェーが N-VA の顧問となり，2014 年の選挙では比例 3 位で出馬し，当選した。また，この選挙で党首デ・ウェヴェールは，フランス語話者にも「私たちの国家改革を信じてほしい」と訴えた。

方で旧来のカトリックのネットワークが強い地区ではVBは苦戦していた（Warmenbol 2009：215-216）。たとえばアントウェルペンの（フランデレンのカトリック系労組である）ACW組合員がVBの主催する委員会に出席した時のことを以下のように証言している。

「地方支部の要職にあるX氏が少し前にわたしを非難してきました。わたしはそれがVBのことにあると思います。彼は『あの活動委員会……，君はその後ろに誰がいるのかわかっていない……』と言いました。わたしたちはVBがその委員会をサポートしていることは知りませんでした。VBがサポートしているかどうかなど知りません。……わたしは道路計画案が認可されて以来，初めて委員会に出たものですから，VBがこの件に関わっていることは大きな驚きでした」（Warmenbol 2009：210によるACWメンバーのインタビュー）

つまりACWが党員や組合員を取り込めている場合は，地域主義政党への離党は難しいのである。ACWは，人的関係が流動化しつつある現在でも，マニフェストにおいて「CDVのオブザーバー」であることを宣言している（ACW HP）。もし国家資源の供給ルートであることが柱の，ゆえにベルギー主要政党の存在理由であるならば，どれだけ独自の福祉供給ルートを開発しようとも，長い歴史をかけて築かれてきた既成政党の福祉供給ルートを越えるネットワークを創出することは難しいだろう。歴史の根は深いのである。

天変地異〔大災害やEUの構造的変化など〕が起こらないのだとすれば，おそらく問題の所在は，既成政党の側にあろう。1990年代にフランデレン・カトリック党は党改革により自己崩壊した経験を有する。これが繰り返される可能性はないだろうか。次に，既成

政党の動向をみたい。

(2) エスニック集団取り込みの可能性

既成政党の側が党員数の低下に対して、新しい「クライアント」を模索していないというわけではない。それはイスラム移民を中心としたエスニック団体の支持調達という動きである。

近年フランデレン・カトリック党は、しばしば「国家改革という非現実な議論に終始してきた」と批判されている（実際には18カ月の政治空白によって抜本的な党のあり方に対する議論はできなかったのであり、その意味でまだ「内省中」であり、方向性は曖昧である）。ただし党員数の低下という現実に直面して「〔現状の〕支持集団に根を生やし続けることは重要だが、失った土壌を埋めるには不十分」と考え（Wientzek 2012：94-97）、現在移民団体との連携を進めようとしている（Dobbelaere 2010：294）。実際にキリスト教信者以外のフランデレン・カトリック党投票者は、2003年の時点で全体の1％を占めるにすぎなかったが、2007年の選挙のときには21％に急増した（Wientzek 2012：93）。

特に留意すべき動向として、1995年以降、フランデレン地域政府（当時はフランデレン・カトリック党が与党）が移民団体を公式に認め、経済的に支援するようになったことが挙げられよう。その結果、およそ500団体が地域政府から支援された。それは既成政党の柱のなかにこれらの移民団体が組み込まれることを意味しよう。当時助成を受けるために多様なエスニック団体が統合されていき（Sierens 2001；D'Hamers 2001）、2000年の時点で、既に14団体がフランデレン地域政府（フランデレン・カトリック党）から経済的支援を受けるようになった（Sierens 2003）。

しかもマーク・ホーハによれば、「まだ〔移民団体の〕全体の3

分の1しか加入していない」(Hooghe 2005：981)。セーレンスによれば,フランデレン政府は「これらの団体は,潜在的に社会的政治的統合の強力な道具となると考えている」(Sierens 2001)。とくに2004年には地方 (local) レベルでの外国人参政権が認められた。そのためエスニック団体の取り込みは,党にとって重要な課題となっている (Hooghe 2005：987)。

現在までエスニック団体のリーダーは「好きな党に入れなさい」と呼びかけており (Meireman 2001：163),エスニック集団の投票傾向はカトリック党だけではなく社会党や環境政党にも分散している (Hooghe 2005：984)。さらに地方レベルの選挙ではムスリム独自の政党が議席を確保しており (2012年),カトリック政党がイスラム系集団を取り込むことは考えにくいが,先の地方統一選挙後,フランデレン・カトリック党は2014年の選挙に向けて「非キリスト者」というフレームでイスラム系集団に呼び掛けていた (*Le Soir* 01/12/2012)。経済不況のなかで,もしエスニック団体側が急ぎ国家や地域,地方政府との関係形成 (助成金) を求めるならば,カトリックを中心とした既成政党へ取り込まれていく可能性は否定できない。

しかし,キリスト教政党がイスラム集団を取り込み統合していくということは,現在の国際情勢を考慮しても,また信仰的にも単純には考えられない。フランデレン・カトリック党のなかではひと世代前の政治家たちがこの動きに激しく抵抗しているという (Hooghe 2005：983)。よって,むしろありうるのは,この取り込みをめぐる党内の議論が――おそらくは一時的に離党など負の影響を及ぼしつつ――党と下位組織の新しい関係を生み出すということだろう。一層の分権化が進められるなかで,地方や地域に資源運用の権限が与えられていく。そのなかで「『非キリスト者』」に呼びかけ

る『カトリック政党』」という一見矛盾した動向が何をもたらすのか。柱の再生産なのか、それとも自己破壊なのか。この動向には留意すべきである。

3 エピローグ――2014年5月選挙の衝撃　多層化国家のさらなる混迷?

分裂危機後成立したディ・ルポ政権の下で、N-VA の組織化、そして移民問題の政治化が進むなかで、2001～02年に続いて、2013年12月にさらなる国家改革が進められた。まず、「バタフライ合意」にもとづいて、BHV 選挙区は消滅した。両語圏であるB（ブリュッセル）と、フランデレンの管轄にある HV（一部の便宜措置は存続したまま）に分割された。

また、連邦予算の執行権限はさらに地域政府に振り分けられ、住宅ローン減税、子供手当、健康保険の一部などが地方の管轄に入った。連邦政府の年間支出 200 億ユーロのうち 120 億ユーロが地方（地域政府・共同体政府）で執行されると見込まれる。ある意味、ディ・ルポ政権は、バタフライ合意に誠実に改革を進めることに成功した。

そして年が明けて 2014 年になり、5月に再び選挙が行われることになった。今回の総選挙では、やはり年末の改革によって、連邦議会選挙を地域議会選挙、欧州議会選挙と同日に行うことになった。個別に何度も選挙を行うことは、選挙のための国の費用がかかる。さらに、その時々の情勢次第で、連邦政府と地域政府の与党が大きく食い違う可能性が出てくる。食い違ってしまうと、前述の DHL 事件のような問題も生じやすくなると考えられたからだと言われている。

さらにこの時期，N-VAの側に注目する動きがあった。N-VAは，実はフラームス・ベラングのように，あからさまに「ベルギー分裂」「フランデレン独立」を主張してきたわけではなかった。ただ「段階的にフランデレンの自治を高める」と言っていただけで，それが具体的にどのような国家のあり方を指しているのかは，実際のところ，はっきりしなかった（しかし，決して妥協しない強硬な姿勢をとっていたため，「自治を高めたその先には，フランデレンの独立がある」と見なされていた）。

　しかし，こうした曖昧な姿勢が一部の有識者やマスコミから批判されて，N-VAは今回の選挙前に明確に自分たちの目指すところを公にした。それは「ベルギー」は存続させるが，実質的には「フランデレンとワロンの国家連合・ベルギー」を目指すというものだった。この「国家連合（confederatie）」においては，実質的な政治はフランデレンとワロンがそれぞれ行う。「ベルギー」は対外的に必要な場合に用いられるにすぎない。

　具体的な選挙戦は，欧州危機による財政難を背景にして，年金や失業保険といった社会保障の改革を最大の争点にして進んだ。N-VAは「進歩のための改革（Verandering voor Vooruitgang）」を掲げて，2019年までに財源の分権化を通じて年金改革を進め，支出削減と財政改善を実施する「プランV」を訴えた。

　選挙1週間前にはフランデレン・カトリック党の元首相デハーネが亡くなり，CDVが一時選挙活動を控えた。また，選挙前日には，ユダヤ人博物館で発砲事件が生じ3名の死者が出た。現時点でイスラム過激派（に影響された犯人）によるテロと言われているが，不穏な空気が漂うなかでの選挙であった。

　そうしたなかで行われた選挙の結果は，以下の表12のとおりである。

表12　2014年5月下院選挙結果

政党名	地域	イデオロギー	議席数	前回比
N-VA（新フランデレン同盟）	フランデレン	地域主義	33	＋6
PS（社会党）	ワロン	社会民主主義	23	－3
MR（改革運動）	ワロン	自由主義	20	＋2
CDV（キリスト教民主フランデレン党）	フランデレン	キリスト教民主主義	18	＋1
OpenVLD（開かれたフランデレン自由民主党）	フランデレン	自由主義	14	＋1
SP.a（もうひとつの社会党）	フランデレン	社会民主主義	13	±0
CDH（人道的民主センター）	ワロン	キリスト教民主主義	9	±0
Ecolo（エコロ）	ワロン	環境保護	6	－2
Groen!（フローン）	フランデレン	環境保護	6	＋1
VB（フラームス・ベラング）	フランデレン	極右	3	－9
FDF（フランス語民主連盟）	ワロン・ブリュッセル	地域主義	2	＋2
PVDA/PTB（ベルギー労働者党）	ブリュッセル	共産主義	2	＋2
PP（人民党）	ワロン	保守主義	1	±0

出典：ベルギー連邦政府HP

　結局N-VAが圧勝した。さらにこの数年，ベルギーで欧州議会に最も多くの数の議員を送り込んでいたのは，ヴェルホフスタットがいたフランデレン自由党（OpenVLD）であったが，欧州議会選挙もN-VAが勝利して，ベルギーの最大勢力となった（ちなみに，N-VAは「親ヨーロッパ」「EU支持」を主張している。EUにおいて，フランデレンが他の国や地域と同等に扱われることを目指している）。

　逆に，今まで「フランデレン独立」を謳っていたフラームス・ベラングが凋落した。このため，隣国フランスのル・モンド紙は「(「分離」を封印し) 穏健化したN-VAの勝利」と報じた。

　また，N-VAの勝利には，欧州危機の影響があるとも言われてい

る。2008年以降の大手金融機関の経営破綻によって、ベルギー政府は多くの公的資金を注入することを余儀なくされた。とくに（新政権不在のなかで）2010年に生じたデクシア銀行の国有化は、ベルギーの財政に大きな負担となった。そのため今回の選挙では、財政再建が重要な争点となった。

この時勢においてN-VAが掲げた「国家連合」というフレーズは「財政改革」「財政分権化」を象徴する言説となった。実際のマニフェストにおいても、N-VAは「財政健全化」などの具体的政策を上位に掲げ、「国家連合」の順位は低くした。現実的な集票言説によってフランデレンの人々の支持を集めたのである。

選挙後、最多票を獲得したN-VAを中心に組閣し、さらなる「国家改革」を進める内閣を組織するのか。それともN-VAをはずして、残りの政党の「合意」を優先して、穏健な「現状維持」内閣を組織するのか。また時間がかかるかもしれないと危惧された。

新国王フィリップ1世（在位2013～）は、選挙結果に従って、第一党の党首、デ・ウェヴェールを情報提供者に指名した。彼は欧州危機のダメージから立ち直るために、財政再建策を優先して、新自由主義路線で一致しうる自由党、そして古くからの盟友であるフランデレン・カトリック党との連立を模索していた。

しかし、今回の場合、地域政府も同日に選挙を行ったため、同時並行に交渉しなければならない。彼は先に連邦（中央）政府を決定し、それに従ってフランデレンとワロンの地域政府が成立する（つまり、ワロンもフランデレンも、それぞれのカトリック政党、自由党で連立が組まれる）ことを望んでいた。

ところが、彼が連邦政府の交渉を進めている間に、ワロン社会党がワロン地域政府において早々に「反N-VA」を打ち出し、ワロン・カトリック党（CDH）と連立を組むことを宣言したのである。

これは,ワロンの「反N-VA」宣言であった。逆にフランデレン地域政府では,N-VAとフランデレン・カトリック党,フランデレン自由党が連立政権を組むこととなった。つまり,フランデレンはイデオロギー的に新自由主義的な右派政権,ワロンは逆に左派政権が,先に成立してしまったのである。

　欧州危機の後,雇用と福祉の創出,経済再生が求められている時の政権である。もしこの二つの異なる地域政府政党を「鏡写し」しようとすれば,中央での合意形成が難航することは避けられない。約1カ月の交渉後,デ・ウェヴェールはいったんまとめ役を降り,「冷却期間」を置くことになった。

　結局,デ・ウェヴェールは首相になることを諦めた。この過程では,「連邦(の連立形成)」が先か,それとも「地域(の連立形成)が先か」という問題でワロンとフランデレンが対立し,ワロン地域政府が独自に政府決定したことによって,連邦政府の連立形成が阻害されたといえる。

　この状況に対して,国王フィリップ1世は(その真意は現時点で定かではないが)CDV(フランデレン・カトリック党)のペータースと,MR(ワロン自由党)のミシェルを「共同組閣担当者」に指名し,調整に当たらせた。この過程では,議席で多数を誇るN-VAとフランデレン自由党,フランデレン・カトリック党にワロン自由党による連立が検討された。

　しかし,ほぼCDVのペータースを首相にした4党連立が決まりかけていた8月31日,次期欧州委員会委員長であるユンケル(ルクセンブルク)が,次期欧州委員会の発足に際し,選挙から3カ月たっても新政権が決まらず,そのため新欧州委員を選出できないベルギーを「欧州を麻痺させている」と,公然と批判したのだ。

　ベルギー首脳は慌てて,欧州委員を選出した。これが前CDV党

首を経験したテイサンである。これが思わぬ影響を与えた。というのも、これによって要職をCDVが独占することが拒まれ、もう一人の担当者であるミシェルが、初のワロン自由党出身の首相に就任することとなったからだ。

ここでは、地域政府の影響のみならず、EUの動向が直接にベルギーの連立形成に影響した。EU、そして地域から、二つの方向からの圧力によって右往左往する連邦政府。ますます「多層化」の影響が感じられる。

この過程の分析は改めて別のところで行いたい。ただし、このミシェル新政権は四党連立だが、ワロン政党が一つしかない。最後にこの点にだけ触れておこう。

近年のベルギーにおいては、どれほど交渉が長引こうとも、先の2010～11年の危機後のように、フランデレンとワロンがほぼ同数の政党で連立を組んだ。それが分裂を回避するベルギー政治の肝だった。しかし今回、ワロン第一党の社会党は加わっていない。唯一新自由主義政策を支持するワロン自由党だけが参入した。つまり、ユーロ危機の影響で財政再建が優先され、積年の課題であるフランデレンとワロンの和解が後回しにされたように映る。このアンバランスな連立政権を人々は「kamikaze（神風）連合」と呼ぶ。ワロンの政党が一党しか連立に入らない「異質な連合」は、ベルギーにおける合意型デモクラシーの「終わりの始まり」とならないだろうか。実際に、社会支出削減に対する大規模なストライキが早々に生じている。これがフランデレンとワロンの対立に飛び火してしまわないだろうか。

邪推はここでいったんやめておきたい。問題は、選挙日を同一にしたことにより、連立交渉までもが「多層化」したことで、かけひきが一層複雑化したことにあろう。デ・ウェヴェールは、連邦政府

だけをまとめればいいのではなかった。フランデレン地域政府も同時に交渉する必要があった。他方で，ワロン地域政府は独自に交渉し，それが中央（連邦）政府交渉に影響した。同日選挙としたことにより，交渉が多層化し，より煩雑化していると言える。かつ合意の原動力となった「次期選挙」の数が減る。

　現時点で詳しく交渉とメカニズムを分析できないが，今後，この絡まった多層的な交渉メカニズムを，誰が，どのようにほどいていくのか。新国王フィリップ1世がどのような手腕を発揮するのか。多層化した連邦国家ベルギーの苦悩はまだ続きそうである。

あとがき

　本書は，筆者が 2007 年以降進めて来たベルギー政治研究をまとめたものである。本書の内容にかかわる既発表論文等は以下の通りである。

- 「ベルギー国家分裂危機――連邦化以降の政治主体の行動変化」，高橋直樹・岡部恭宜編『構造と主体――比較政治学からの考察』，東京大学社会科学研究所，SSIR シリーズ，Vol.35，2010 年，5-26 ページ。
- 「ベルギー分裂危機と合意型民主主義」，田村哲樹・堀江孝司編『模索する政治――代表制民主主義と福祉国家のゆくえ』，ナカニシヤ出版，2010 年，186-205 ページ。
- 「福祉国家と国民統合――社会保障制度による所得移転は国家の解体を進めるか」，聖学院大学総合研究所編『聖学院大学総合研究所紀要』46 号，2010 年，134-152 ページ。
- 「時間の比較政治学――合意形成のジレンマ（一）」，聖学院大学総合研究所編『聖学院大学総合研究所紀要』47 号，2011 年，373-387 ページ。
- 「ベルギー分裂危機とブリュッセル周辺域の民族問題――『国家政治の縮図』から『都市政治の復権』へ」，日本比較政治学会編『日本比較政治学会年報　都市と政治的イノベーション』12 号，2011 年，111-131 ページ。
- 「時間の比較政治学――合意形成のジレンマ（二）」，聖学院大学総合研究所編『聖学院大学総合研究所紀要』50 号，2012 年，

258-277 ページ。
- 「冷戦とベルギー・キリスト教民主主義政党——分裂危機を念頭に」，聖学院大学総合研究所編『聖学院大学総合研究所紀要』54 号，2013 年，199-241 ページ。
- 「ベルギーの政治空白と連邦化」，聖学院大学総合研究所編『聖学院大学総合研究所紀要』55 号，2013 年，217-273 ページ。
- 「ベルギー分裂危機への途——フランデレン・キリスト教民主主義政党の党改革」，吉田徹編『野党改革の比較政治学』，ミネルヴァ書房，2015 年（予定）。

このうち最後の「ベルギー分裂危機への途」については，方法論，分析枠組みは全く異なるが，部分的に同じ事例を扱っている。諸事情により刊行時期が重なってしまったが，本書の刊行をお許しいただいた編者の吉田徹氏に心より感謝する次第である。

また，この間，以下の学会・研究会で報告の機会を得た。紙幅の都合で主要なもののみを記すことを御許しいただきたい。
- 「ベルギーの国家分裂危機——連邦化以降の政治的主体の行動変化」，日本比較政治学会研究大会（京都大学），2009 年 6 月 28 日。
- 「ベルギー分裂危機（2007 年から現在）——多極共存型民主主義再考」，関東政治社会学会研究会（専修大学），2011 年 2 月 19 日。
- 「連邦主義と地域主義——ベルギーの分裂危機を例として」，神奈川大学地方行財政研究会　2010 年度第 5 回研究会（神奈川大学），2011 年 2 月 22 日。
- 「ベルギーの政治空白と連邦化」，日本比較政治学会研究大会（日本大学），2012 年 6 月 23 日。
- 「冷戦とベルギー・キリスト教民主主義政党——分裂危機を念

頭に」,日本政治学会研究大会(九州大学), 2012 年 10 月 7 日。
・「脱柱状化のなかの再柱状化?――ベルギーの事例から」,日本比較政治学会研究大会(神戸大学), 2013 年 6 月 22 日。

　種明かしすれば,本書は 2010 〜 11 年の危機を扱った上記「ベルギーの政治空白と連邦化」報告の分析枠組みを,2007 年危機の事例分析に当てはめようとしたものである。また「冷戦とベルギー・キリスト教民主主義政党――分裂危機を念頭に」を軸にして 1990 年代の分析を進め,これらを最近の現地調査・研究成果を踏まえて改訂し,多少の無理は承知で(なんとかして)まとめたものである。
　さらに,前著『ベルギー分裂危機――その政治的起源』(明石書店, 2010 年)と比べれば,「分裂」を扱う「トーン」が明らかに異なっていることは正直に告白しておく。前著執筆当時は「(まさかすぐに分裂なんてしないだろうけど)どうなってしまうのか」という懸念を抱いて校了した。現在はもう少し冷静に見つめている(と思っている)。選挙の度に騒々しいが,分裂「危機」でとどまる国,である。
　ちょうど前著刊行時期には「分裂だ!」と(少なくとも現地のマスコミレベルで)騒然としていた。まさにその頃刊行したものと比べ,時間を経て色々な資料やヒヤリング,学会等での質疑を経て自己批判し検討した結果,本書は「トーン」が異なるものとなった。この食い違いを,もし「それがお前の限界だ」と評価する方がいらっしゃるなら,そうしたご指摘はもちろん謙虚に受け止め,今後の研究に活かしたい。
　しかし,ベルギーの状況は「おそらくまた変わるだろう」とも書いておく。新政権の下での諸社会集団の動向は,何か落ち着きがない。対外的にも欧州危機が生じ,その影響は長く続いている。スコ

ットランド,カタロニアなど無視できない動きもあった。今のうちに,次の課題としてこれらの主要な分離独立運動の比較政治学的研究を進めていかねばならないだろう。ひとつひとつの痛みや苦悩を歴史的に十分に理解した上で,それぞれの動向を相対化し,今後を見通せる分析視角を創出することが急務だろうと思う。

　先述した本書の素となった論文の多くは,前任校である聖学院大学奉職中に著した。研究活動を御支えいただいた教職員の方々,そして学生諸君に心から感謝したい。ますますの発展を心から祈っている。

　さらに現在奉職させていただいている北海学園大学の草間秀樹法学部長,大学院法学研究科長の佐藤克廣先生,本田宏先生,若月秀和先生,山本健太郎先生をはじめとする法学部政治学科の先生,同期の五十嵐素子先生,館田晶子先生,谷本陽一先生,他学部ではあるがいつも気にかけていただいている安酸敏眞先生,佐藤貴史先生,そして御退職されてもなお研究者として第一線であり続けておられる田口晃先生には,研究,教育,運営業務から,北海道での暮らし,グルメについてもご教示いただき,とても刺激を受けている。

　北海道での研究を含めた生活については,他にも北海道大学の仙石学先生,吉田徹先生,千田航先生,白鳥潤一郎先生,札幌大学の三須拓也先生,札幌学院大学の神谷章生先生,同時期に函館に来た北海道教育大学の伊藤泰先生がいつも気にかけて声をかけてくださり,支えてくれている。

　こうした先生たちとの出会いがなければ,こんなに快適に(おいしく)初めての北海道の冬を過ごすことはできなかった。吹雪で挫折して,頑張って出版しようという気にならなかったかもしれない。そして何よりゼミや授業で出会う学生のみなさんとの対話が,僕を

後押ししてくれている。特に新ゼミ生には先の「分離独立運動の比較」をテーマに強いているが，御付き合いいただいて，本当にありがとう。

ルーヴァン大学人文学部のデミトリ・ヴァンオーベルベック先生のおかげでスムーズな現地調査を進めることができた。いつも変わらない支援と友情に感謝する。今度は札幌でもお会いしましょう。またデミトリ先生と，同じルーヴァン大学の社会科学部のスティーヴン・ヴァンヘッケ先生のアドバイスが本書のいたるところに活かされている。お二人との対話がなければ本書はなかった。刊行が遅くなってしまいお礼を著すことが遅れたが，お二人への感謝の思いを忘れたことはない。また近々の調査については，ブリュッセル自由大学の佐藤俊輔先生に助けていただいた。感謝する。

また，現地調査は，以下の研究助成の支援のおかげである。個々の論文，報告についてはそれぞれにコミットしているので，刊行のための改訂分についてのみ挙げることとする。

・科学研究費補助金（基盤C）「ベルギー連邦化改革の『意図せざる結果』（研究課題番号：24530144）（研究代表者　松尾秀哉）。
・科学研究費補助金（基盤B　海外学術調査）「マルチレベル・ガバナンス化するヨーロッパの民主的構造変化の研究」（研究課題番号：23402019）（研究分担者）。

特に後者については，共同研究ということもあって，多くの第一線の先生たちと交流する機会が与えられ，有形無形の財産を手にすることができた。研究代表者の小川有美先生，とりまとめでご苦労かけた一ノ瀬佳也先生に御礼申し上げたい。また，こうした機会を与えていただいている，ご採択いただいた審査の先生に感謝する。

前述のとおり，本書の骨子は先の学会等での報告がもとになっている。報告の機会を与えていただいた方々，セッションを通じて共に

研鑽した先生に御礼申し上げたい。学会・研究会の順に，高橋直樹，岡部恭宜，溝口修平，鈴木絢女，山田徹，土方透，荒木義修，水島治郎，堀江孝司，近藤康史，臼井陽一郎，柳原克行，馬場優，板橋拓己，土倉莞爾，伊藤武，近藤正基，津田由美子，野田昌吾，若松邦弘，平島健司，古賀光生，永田智成，島田幸典，大川千寿の各先生である。

このうち，かつて岡部恭宜先生にデミトリ先生と会う場をセッティングしていただき，また，土倉莞爾先生にヴァンヘッケ先生をご紹介いただいた。特に御礼申し上げる。

また，複数の個別論文を「まとめていく」という作業は，実は，少なくとも筆者にとってはものすごく労苦の多い仕事であった。「一冊書き下ろした方が楽だ…」と何度も思った。この間，支えていただいた研究の先輩，仲間のおかげで，本書は刊行に至った。

特に新しいテーマに挑戦する機会を与えてくれている高橋進先生，畑山敏夫先生，渡辺博明先生，岩崎正洋先生に感謝したい。またテキストや翻訳等の企画をそれぞれに進めている金敬黙先生，中田晋自先生，平賀正剛先生，小松崎利明先生，鈴木直喜先生，正躰朝香先生，日野愛郎先生から与えられる刺激が，いつも僕の背中を押してくれる。そして何より，いつも圧倒的な筆力と人間力で僕の目標となり続けている君塚直隆先生に感謝したい。また，名古屋「政治と社会」研究会の田村哲樹先生，大園誠先生，小林正嗣先生，坂部真理先生，森分大輔先生は，昔から変わらず，いつも真摯な討論を通じて学究的刺激と，その後の心安らぐ「癒し」の時間を与えてくれる。変わらない友情，本当にありがとう（重複者は省かせていただきました）。

なお，今では笑い話だが，現地調査に際して，ビールの飲み過ぎと気のゆるみが原因でトラブルに遭遇し気が動転していたとき，

色々と助けてくれた石川裕一郎先生には改めてお礼申し上げる。また，読者の中には「客観的理由を越えて，キリスト教政党に記述を割きすぎる」と御感じの方もいらっしゃるだろうが，おそらくそれは僕の信仰が影響しているのだろうと思う。日本基督教団名古屋中央教会，同阿佐ヶ谷教会で御支えいただいた相浦和生先生，草地大作先生，大村栄先生に感謝するとともに，両教会のますますの発展を祈りたい。

「多少の無理は承知で」本書をまとめようと背中を押し続けてくれたのは，吉田書店の吉田真也さんである。「過去の二冊の単著と併せて，ベルギー三部作として，まとめましょう」と提案していただいたこと，それを通じて，何かよくわからないけれども「いったん（何かに）キリをつけたい」という思いが強くなったことが，とりまとめの大きな動機になった。また，すぐ怠けようとする私を叱咤してくれた。ありがとう。今後ともよろしく御願いいたします。

そして大学院生時代から前任校時代を経て，今も変わらず東京出張の際に「生き方」を含めて，次の課題を示唆していただくのは，指導教官の高橋直樹先生である。大学院生時代から現在に至るまで，先生の門下生であることだけが，私の人生で唯一誇れることだ。この歳になってまだ教えを乞いたいと願っていることは恥ずかしいことかもしれないが，それが正直な思いである。長く変わらず教えていただける，その学恩に対する謝意を著したい。

最後に私事を記すことを御許しいただきたい。50という節目の歳を迎えるからだろうか。昔のことを思い出すことが多い。子どもの頃からお世話になりっぱなしだったにもかかわらず，十分にお礼をできなかったまま天国に御見送りをした神田紀子さん，丹羽鶴次さん，どうもありがとうございました。当たり前だけれども，御支

えいただけなければ今の僕はない。どうぞ安らかに。そして，ご遺族に慰めがありますようにと祈っています。

　齢50を前にして，ここしばらくの間，中学や高校，予備校時代の同窓会が頻繁に開かれていて，旧友たちと再会する機会を得ている。名古屋市立城山中学時代の旧友である今井康夫君，小林亘君，丹羽浩次君，松下達彦君，愛知県立瑞陵高校時代の友人である有吉順君，国枝武彦君，佐藤国人君，そして代々木ゼミナール名古屋校時代の友人，山川聡君，山道善隆君は，むしろ僕が札幌に移ってから頻繁に旧交を暖めるようになった。

　それぞれに頑張っているみんなの姿に励まされている。昨年出版された『物語ベルギーの歴史　ヨーロッパの十字路』(中公新書)と同時並行的に本書をまとめることができたのは，みんなにパワーを分けてもらったからだ。幹事の労をとってくださっている方々を含めて，お礼を申し上げたい。ありがとう。

　駒場の大学院修士課程に入学してから，ずいぶんと時間がたった(はずだ)。その間，遅く研究者としてスタートした分，遅れを取り戻そうと必死で走って来た。気がつけば，あっという間に「今」になっていた，というのが正直な感想である。必死になって，前だけ見て走って来た分，回りのことは見えていなかったのかもしれない。色々な方に迷惑をかけてきたのだろうし，失礼もあったと思う。御許しいただきたい。皆さんから受けた感謝は，これからできる限りの力を注いで，若い人への教育や研究指導を通じて還元することにしたい。やはり怠けがちな僕を叱ってくれる平澤伸元さん，大野芳さんにも感謝申し上げます。

　Yonちゃん，政君，健ちゃん，金森さん，奈良のおじいちゃん，金山のおじいちゃん，おばあちゃん，そしてファルコン……今の僕はみんなにどう見えていますか。天国から見守っていてください。

人生に「正解」はないのだろうけれど，みんなへの感謝の思いを忘れずに歩んでいきます。

　最後に，名古屋と知多で静かに見守ってくれている両親，松尾吉郎・良子，門弘己・嘉代子，そして結局毎日忙しなく，まだ旭山動物園や（本当は僕がとっても行きたい）塩狩峠にも連れて行けていないけど，我慢して待ってくれている妻・香里に感謝します。ありがとう。

2015 年 4 月　札幌にて
竹鶴を片手に，敬愛する三浦綾子さんの作品を読みつつ

　　　　　　　　　　　　　　　　　　　　　　　　松尾　秀哉

参考文献

Amoretti, Ugo M., Nancy Bermeo eds. (2004) *Federalism and Territorial Cleavages*, Johns Hopkins Univ Press.

Anderson, Lawrance M. (2010) "Toward a resolution of the paradox of federalism," Jan Erk, and Wilfried Swenden eds., *New Directions in Federalism Studies*, London: Routledge, pp.126-140.

André, Audrey, Bram Wauters et Jean-Benoit Pilet (2010) "Usages et motivations du vote de préférence aux élections régionales de 2009," Kris Deschouwer, Pascal Delwit, Marc Hooghe, Stefaan Walgrave ed., *Les voix du peuple. Le comportement électoral au scrutin du 10 juin 2009*, Bruxelles: Editions de l'Université de Bruxelles.

Annemans, Gerof, Steven Utsi (2011) *After Belgium: The Orderly Split-Up*, 3rd. edition (English), Brussels: Uitgeverij Egmont.

Arcq, Etienne et Sägesser, Caroline (2011) "Le fonctionnement de l'Église catholique dans un context edge crise," *Courrier hebdomadaire du CRISP*, n. 2112-2113, Bruxelles: CRISP.

Beke, Wouter (2004) "Living Apart Together: Christian Democracy in Belgium," *Christian Democratic Parties in Europe since the end of the Cold War*, Leuven: Leuven U.P., pp.133-158.

Béland, Daniel and André Lecours (2007) "Federalism, Nationalism and Social Policy Decentralization in Canada and Belgium," *Regional & Federal Studies*,Vol.17, No.4, London: Routledge, pp.405-419.

Beyers, J., Bursens, P. (2006) "The European Rescue of the Federal State" *ECPR Pan-European Conference on EU Politics*, 21-23 September, Istanbul, Turkey.

Billiet, Jaak (2002) *De kiezers de CVP in de jaren negentig*, Leuven: ISO-Bulletin.

Botterman, Sarah and Marc Hooghe (2009) "The Christian Democratic Vote and Religious Belonging. The Relation between Religious Beliefs and Christian Democratic Votingand the Individual and Community Level in Belgium," Paper presented at the 5th General Conference of the European Consortium for Political Research (ECPR).

Brans, Marleen, Lieven de Winter, and Wilfried Swenden eds. (2009) *The

Politics of Belgium, Institutions and policy under biopolar and centrifugal federalism, London: Routledge.
- Brzinski, Joanne Bay (1999) "Changing Forms of Federalism and Party Electoral Strategies: Belgium and the European Union," *Publius*, Volume 29, Issue 1, pp.45–70.
- Burgess, Michael, Alain Gagnon (1993) *Comparative federalism and federation: competing traditions and future directions*, New York; London: Harvester Wheatsheaf.
- Bursens, Peter and David Sinardet (2009) "Democratic Legitimacy in Multi-level Political Systems. The European Union and Belgium in Comparative Perspective," *European Union Studies Association* (EUSA), 11th Biennial International Conference, Los Angeles, California, 23–25/04/2009.
- Caluwaerts, Didier, Silvia Erzeel et Petra Meier (2010) "Les différences entre hommes et femmes en matiére de conversations politiques et les implications normatives pour la démocratie délibélative," Kris Deschouwer, Pascal Delwit, Marc Hooghe, Stefaan Walgrave ed., *Les voix du peuple. Le comportement électoral au scrutin du 10 juin 2009*, Bruxelles: Editions de l'Université de Bruxelles.
- Cameron, David (2010) "The Paradox of Federalism: Some Practical Reflections," Jan Erk and Lawrence M.Anderson, *The Paradox of Federalism, Does Self-Rule Accommodate or Exacerbate Ethnic Divisions?*, London: Routledge, pp.115–125.
- Cammaerts, Émile (1942) *Belgium from the Roman invasion to the present day*, T.Fisher Unwin.
- Cantò, Javier Martinez (2012) "The End of the Flemish Cartel from N-VA's view point through the Garbage Can Model Theory on Decision-Making," *Political Decision-Making*, Gent: Universiteit Gent. (http://www.academia.edu/2083660/The_end_of_the_Flemish_Cartel_from_N-VAs_viewpoint_through_the_Garbage_Can_Model_Theory_on_Decision-making) (2013年3月5日)
- Castanheira, Micael, Benoit Rihoux, Nils C. Bandelow (2011) *Belgium Report, SGI (Sustainable Governance Indicator) Report 2011*, Bertelsmann Stiftung.
- Chadwick, Owen (1992) *The Christian Church in the Cold War*, Harmondsworth: Allen Lane.

Coffé, Hilde (2005a) "(Small) Enterpreneurs first! Analysis of the economic discourse of the Vlaams Belang," *Journal of Language and Politics*, Vol.7, no.1.

Coffé, Hilde (2005b) "Do Indivisual Factors Explain the Different Success of the Two Belgian Extreme Rifht Parties?," *Acta Politica*, Vol.40.

Coffé, Hilde and Patrick Stouthuysen (2006) "The Discourse of internal Party Renewal," paper prepared for presentation at the 2006 IPSA Conference, July 9-13, 2006, Fukuoka (Japan).

Conway, Martin (2003) "The Age of Christian Democracy, The Frontiers of Success and Failure," Thomas Kselman and Joseph A. Buttigieg eds., *European Christian Democracy, Historical Legacies and Comparative Perspectives*, Notre Dame: Notre Dame U.P., pp.43-67.

Coppa, Frank J. (2003) "Pope Pius XII and the Cold War: The Post-war Confrontation between Catholicism and Communism,"Dianne Kirby ed., *Religion and the Cold War*, Hampshire: Palgrave Macmillan, pp.50-66.

Cornell, Svante E. (2002) "Autonomy as a Source of Conflict: Caucasian Conflicts in Theoretical Perspective," *World Politics*, Vol.54, pp.245-276.

Dalton, Russell J. (2004) *Democratic Challenges, Democratic Choices. The Erosion of Political Support in Advanced Industrial Democracies*, Oxford: Oxford U.P.

Damens, Sofie (2001) "Strategieën tegen extreemrechts, het cordon sanitaire onder de loep," *Tijdschrift voor sociologie*, Vol. 22, nr.1.

Dandoy, Régis (2009) "Comparing Different Conceptions and Measures of Party Positions," paper for Workshop "Comparing Different Conceptions and Measures of Party Position", Politicologentmaal, 28-29 May.

Dandoy, Régis, Geoffroy Matagne and Caroline Van Wynsberghe (2009) "The Future of Belgian Federalism through the Eyes of the Political Actors," paper for ECPR Potsdam General Conference,10-12 September 2009.

Dandoy, Régis, Jeroen Joly and Brandon Zicha (2010) "Modes of Partisan Influence over the Government Agenda in the Belgian System: Initiating a Project to Empirically Evaluate Policy Making in Complex Multiparty Coalition Systems," paper presented at the Midwest Political Science Association Annual National Conference, Chicago, USA. April 25th, 2010.

Dandoy, Régis (2011a) "Territorial Reforms, Decentralisation and Party Positions in Belgium," paper for CEPSA Annual Conference "Multi-level

Politics: Intra- and Inter-level Comparative Perspectives", Vienna, 27-29 October 2011.

Dandoy Régis (2011b) "Explaining Manifesto Length: Empirical Evidence from Belgium (1977-2007)", paper presented at the ECPR Joint Sessions of Workshop, St. Gallen (Switzerland), 12-17 April 2011.

Dardanelli, Paolo (2011) "Europeanisation and Federalisation in Belgium - A Comparative Study of the Flemish Parties," 61st PSA Annual Conference. London, UK. 19-21 April.

Delwit, Pascal (2005) "Les partis régionalistes, des acteurs politico-électoraux en essor, Performances electorates et participations governementales," Pascal Delwit ed., *Les partis régionalistes en Europe. Des acteurs en développement ?*, Bruxelles: Editions de l'Université de Bruxelles.

Delwit, Pascal et Emilie Van Haute (2008) *Le vote des Belges (Bruxelles-Wallonie, 10 juin 2007)*, Bruxelles: Editions de l'Université de Bruxelles.

Delwit, Pascal (2011a) "Still in decline? Party membership in Europe," Emilie Van Haute ed., *Party Membership in Europe*, Bruxelles: Editions de l'Université de Bruxelles.

Delwit, Pascal (2011b) "Partis et systémes de partis en Belgique en perspective," Pascal Delwit, Jean-Benoit Pilet, Emilie Van Haute edit. *Les partis politiques en Belgique*, Bruvelles: Editions de l'université de Bruxelles, pp.7-33.

Delwit, Pascal, Jean-Benoit Pilet, Emilie Van Haute (2011) *Les partis politiques en Belgique*, Bruxelles: Editions de l'université de Bruxelles.

De Maeyer, Jan en Staf Hellemans (1988) "Katholiek reveil, katolieke verzuiling en dagelijks leven," Jaak Billiet ed., *Tussen bescherming en verovering. Sociologen en historici over verzuiling*, Leuven: Universitaire Pers Leuven.

De Maeyer, Jan (1994) *Arthur Verhaegen, 1847-1917: de Rode Baron*, Leuven: Universitaire Pers Leuven.

Deschouwer, Kris (1997) "Une fédération sans fédération de partis," Serge Jaumain ed., *La Réforme de l'Etat··· et après. L'impact des débats institutionnels en Belgique et au Canada*, Bruxelles, éditions de l'ULB, pp.77-83.

Deschouwer, Kris (1999) "From consociation to federation, How the Belgian parties won," Kurt Luther and Kris Deschouwer eds., *Party Elites in Di-*

vided Societies, Political parties in consociationaldemocracy, London: Routledge, pp.74-107.

Deschouwer, Kris (2005) "Kingdom of Belgium," John Kincaid and G. Alan Taylor eds.,*Constitutional Origins, Structure, and Change in Federal Coutries*, Montreal and Ithaca: McGill-Queen's University Press, pp.49-75.

Deschouwer, Kris (2009a) "Coalition Formation and Congruence in a Multi-layered Setting: Belgium 1995-2008," *Regional & Federal Studies*, Vol.19, No.1, London: Routledge, pp.13-35.

Deschouwer, Kris (2009b) "The Rise and fall of the Belgian Regional Parties," *Regional & Federal Studies*,Vol.19, No.4-5, London: Routledge, pp.559-577.

Deschouwer, Kris (2009c) *The Politics of Belgium, Governing a Divided Society*, Hampshire: Palgrave Macmillan.

Deschouwer, Kris et Dave Sinardet (2010) "Lange, identité, et comporment électoral," Kris Deschouwer, Pascal Delwit, Marc Hooghe, Stefaan Walgrave ed., *Les voix du peuple. Le comportement électoral au scrutin du 10 juin 2009*, Bruxelles: Editions de l'Université de Bruxelles.

De Smedt, Sam (2002) "Sociaal-economisch congress CD&V. Het roer omgooien en de boot in evenwicht houden," *De Gids op Maatschappelijk Gebeid*, nr.8.

Detterbeck, Klaus and Eve Hepbrun (2010) "Party politics in multi-level systems, Party response to new challenges in European democracies," Jan Erk and Wilfried Swenden eds., *New Directions in Federalism Studies*, London: Routledge, pp. 106-125.

de Vadder, Ivan (2008) *Het Koekoeksjong, Het Begin Van Het Einde Van Belgie*, Van Halewijck Uitgeverij.

De Win, Linda (2011) *Tobback, Eyskens, De Croo: Een politieke geschiedenis van België 1993-2011*, Gent: Borgerhoff & Lamberights.

De Winter, Lieven (1990) *Christian Democratic Parties in Belgium*, working papers, n. 13, Institut de Ciències Politiques i Socials, Barcelona.

De Winter, Lieven (1998) "The Volksunie and the Dilemma Between Policy Success and Electoral Survival in Flanders," Lieven De Winter and Huri Türsan eds. *Regionalist Parties in Western Europe*, London: Routledge.

D'Hamers, Katrijn (2001) *Kenmerken van de Allochtone Zelforganisaties in Vlaanderen en Brussel*, Brussels: ICCM.

Di Rupo, Elio (2008) *Être socialiste aujourd'hui*, Bruxelles: luc Pire.

Dobbelaere, Karel, Roger Crey en Jan Vanhoutvinck (1977) *Professon en het 《kerkelijk karakter》 van hun universiteit. Een sociologisch onderzoek naar defifiniëringsprocessen ter zake aan de K.U.Leuven*, Leuven: Sociologisch Onderzoeksinstituut.

Dobbelaere, Karel (1979) "Professionalization and Secularization in the Belgian Catholic Pillar," *Japanese Journal of Religious Studies*, Vol.6, no.1-2.

Dobbelaere, Karel and Liliane Voyé (1990) "From Pillar to Postmodernity: The Changing Situation of Religion in Belgium," *Sociological Analysis*, no.51.

Dobbelaere, Karel (2010) "Religion and Politics in Belgium," *Politics and Religion*, Vol.4, no.2.

Doležalová, Iva, Luther H. Martin and Dalibor Papoušek eds. (2001) *The Academic Study of Religion during the Cold War*, New York: Peter Lang.

Dusseault, David (2010) "Elite Bargaining and the Evolution of Centre-Periphery Relations in Post-Soviet Russia: A Comparative Analysis," academic dissertation for the Faculty of Social Sciences of the University of Helsinki.

Erk, Jan (2005) "From Vlaams Blok to Vlaams Belang: The Belgian Far-Right Renames Itself," *West European Politics*, Vol. 28, No.3, pp.493-502.

Erk, Jan (2008) *Explaining Federalism: State, Society and Congruence in Austria, Belgium, Canada, Germany, and Switzerland*, London: Routledge.

Erk, Jan and Lawrence M.Anderson (2010) *The Paradox of Federalism, Does Self-Rule Accommodate or Exacerbate Ethnic Divisions?*, London: Routledge.

Erk, Jan and Wilfried Swenden (2010) "The new wave of federalism studies," Jan Erk, and Wilfried Swenden eds., *New Directions in Federalism Studies*, London: Routledge, pp.1-15.

Fiers, Stefaan and Jean-Benoit Pilet (2006) "Candidate Selection in Belgium: from Intra-party Democracy, over Oligarchy to 'Guided' Democracy," paper prepared for delivery at the 20th IPSA World Conference, Fukuoka, (Japan), July 9th-13th, 2006.

Filippov, Mikhail, Peter C. Ordeshook, Olga Vitalievna Shvetsova (2004) *Designing federalism: a theory of self-sustainable federal institutions*, Cambridge University Press.

Fitzmaurice, John (1996) *The Politics of Belgium: a Unique federalism*, London: C.Hurst &Co.

Fitzmaurice, John (2000) "The Belgium Elections of 13 June 1999: Near Melt Down or Soft Landing?," *West European Politics*, Vol.23, no.1, pp. 175-179.

Foret, François and Xabier Itçaina (2012) *Politics of Religion in Western Europe: Modernities in Conflict ?*, London: Routledge.

Fox, Jonathan (2003) *A World Survey of Religion and the State*, Cambridge: Cambridge U.P.

Gabennesch, Howard (1972) "Authoritarianism as World View," *American Journal of Sociology*, Vol.77.

Gehler, Michael, Wolfram Kaiser (2004) "Toward a 'Core Europe' in a Christian Western Bloc, Transnational Cooperation in European Christian Democracy, 1925-1965," Gehler, Michael, Wolfram Kaiser eds., *Christian Democracy in Europe Since 1945: Volume 2*, London and New York: Routledge, pp.240-266.

Gehler, Michael, Wolfram Kaiser eds. (2004) *Christian Democracy in Europe Since 1945: Volume 2*, London and New York: Routledge.

Geys Benny. und Jan Vermeir, Institutions, Economic Performance and Political Support: New Evidence from Belgium, 1984-2007, Wissenschaftszentrum Berlin, (http://ebookbrowse.com/geys-pdf-d359032218) (2013年3月3日)

Hanley, David ed. (1994) *Christian Democracy in Europe: A Comparative Perspective*, London: Printer.

Hanson, Eric O. (2006) *Religion and Politics in the International System Today*, Cambridge: Cambridge U.P.

Hechter, Michael (2000) *Containing Nationalism*, Oxford: Oxford University Press.

Heisler, Martin O. (1990) "Hyphenating Belgium: Changing State and Regime to Cope with Cultural Divisions," Joseph V. Montville ed., *Conflict and Peacemaking in Multiethnic Societies*, London: Lexington.

Hino, Airo (2005) "Emergence and Success of Extreme Right Parties in Western Europe: A Comparative Analysis of 15 Democracies," Paper prepared for the Panel 36-7 'Radical Right in Comparative Perspective', 101st APSA Annual Meeting, 1-4 September, 2005.

Hino, Airo (2012) *New Challenger Parties in Western Europe: A Comparative Analysis*, London: Routledge.

Hollenbach, David (2003) *The Global Face of Public Faith: Politics, Human Rights, and Christian Ethics*, Washington, D.C.: Georgetown U.P.

Hooghe, Liesbet, Gary Marks (2001) *Multi-Level Governance and European Integration*, Maryland: Rowman & Littlefield Publishers.

Hooghe, Liesbet (2004) "Belgium: Hollowing the Center," Amoretti, Ugo M., Nancy Bermeo eds.,*Federalism and Territorial Cleavages*, Johns Hopkins Univ Press, pp. 55-92.

Hooghe, Marc (2005) "Ethnic Organisations and Social Movement Theory: The Political Opportunity Structure for Ethnic Mobilisation in Flanders," *Journal of Ethnic and Migration Studies*, Vol.31, no.5.

Hooghe, Marc, Bart Maddens, Jo Noppe (2006) "Why parties adapt: Electoral reform, party finance and party strategy in Belgium," *Electoral Studies*, Vol. 25, Issue 2, pp.351-368.

Hooghe, Marc (2007) "Ethnic Organisations and Social Movement Theory: The Political Opportunity Structure for Ethnic Mobilization in Flanders," *Journal of Ethnic and Migration Studies*,Vol.35, No.5, pp. 975-990, London: Routledge.

Hooghe, Marc (2009) "Value Patterns and Local Identity in Flanders: In Search of a Regional Identity," paper for Comtemporary Centrifugal Regionalism: Comparing Flanders and Northern Italy, 19-20 June 2009, edted by Michel Huysseune, Koninklijke Vlaamse Academie van Belgie voor Wetenscappen en Kunsten.

Hooghe, Marc, Sofie Marien et Tenu Pauwels (2010) "Méfiance politique et comportment électoral en Belgique," Kris Deschouwer, Pascal Delwit, Marc Hooghe, Stefaan Walgrave ed., *Les voix du peuple. Le comportement électoral au scrutin du 10 juin 2009*, Bruxelles: Editions de l'Université de Bruxelles.

Hooghe, Marc et Stefaan Walgrave (2010) "Vote obligatoire et connaissance politique: la parole au Citroen ignorant?," Kris Deschouwer, Pascal Delwit, Marc Hooghe, Stefaan Walgrave ed., *Les voix du peuple. Le comportement électoral au scrutin du 10 juin 2009*, Bruxelles: Editions de l'Université de Bruxelles.

Hooghe, Marc (2011) "Value Patterns and Local Identity in Flanders: In

Search of a Regional Identity," paper for het contactforum *Contemporary Centrifugal Regionalism: Comparing Flanders And Northern Italy*, 19-20 juni 2009, hoofdaanvrager: M. Huysseune, Vesalius College, VUB, Koninklijke Vlaamse Academie van Belgie Voor Wetenschappen en Kunsten.

Hooghe Marc, Kris Deschouwer (2011) "Veto Players and Electoral Reform in Belgium," in *West European Politics*, Vol.34, No.3, (http://soc.kuleuven.be/pol/docs/2011/28720-vetoplayers.pdf) (2011年3月28日)

Hooghe, Marc and Ellen Quintelier (2013) "Do all associations lead to lower levels of ethnocentrism? A two-year longitudinal test of the selection and adaptation model," *Political Behavior*, no.35, (https://lirias.kuleuven.be/bitstream/123456789/344296/1/associations-SUMMARY.pdf) (2013年3月5日)

Horowitz, Donald L. (1985) *Ethnic groups in conflict*, Berkeley: University of California Press.

Inglehart, Ronald (1997) *Modernization and Post Modernization. Culture, Economic and Political Change in 43 Countries*, Princeton: Princeton U.P.

Irving, R.E.M. (1979) *The Christian Democratic parties of Western Europe*, London: Allen and Unwin.

Jamin, Jerome (2011) "The Producerist Narrative in Right-Wing Flanders," (E-book) *Why is Flanders leaning more to the right, Wallonia more to the left?*, Re-Bel Inititative, University Foundation.

Jones, D. Bryan and Frank R. Baumgartner (2005) *The Politics of Attention: How Government Prioritizes Problem*, Chicago and London: Chicago U.P.

Juergensmeyer, Mark (1993) *The New Cold War? Religious Nationalism Confronts the Secular State*, Berkeley, Los Angeles, and Oxford: University of California Press.

Kaiser, Wolfram (2007) *Christian Democracy and the Origins of European Union*, Cambridge: Cambridge University Press.

Kalyvas, Stathis N. (1996) *The Rise of Christian Democracy in Europe*, New York: Cornell U.P.

Kalyvas Stathis N. and Kees van Kersbergen (2010) "Christian Democracy," *Annual Review of Political Science*, Vol.13, pp.183-209. (http://wwww.polisci.annalreviews.org) (2012年4月19日)

Kanmaz, Meyrem and Farid Mokhless (2002) "Sociaal-cultureel werk in de moskee?," *Vorming*, Vol.17, nr.6.

Keating Michael (2001) *Nations against the State. The New Politics of Nationalism in Quebec, Catalonia and Scotland*, 2nd edition, London: Palgrave.

Kent, Peter C. (2003) "The Lonely Cold War of Pope Pius XII," Dianne Kirby ed. *Religion and the Cold War*, Hampshire: Palgrave Macmillan, pp.67-76.

King, Preston (1982) *Federalism and Federation*, Baltimore and London: Johns Hopkins U.P.

Kirby, Dianne (2003) "Religion and the Cold War – An Introduction," Dianne Kirby ed., *Religion and the Cold War,* Hampshire: Palgrave Macmillan, pp.1-22.

Kitschelt, Herbert (1989) *The Logics of Party Formation: Ecological Politics in Belgium and Germany*, New York: Cornell University Press.

Kitschelt, Herbert (1994) *The Transformation of European Social Democracy*, Cambridge: Cambridge University Press.

Kitschelt, Herbert in collaboration with Anthony J. McGann (1995) *The Radical Right in Western Europe: A Comparative Analysis*, Michigan: University of Michigan Press.

Kohler, Manfred (2010) *Language Politics in Belgium and the Flemish-Walloon Conflict: Reason for a State to Fail or Driving Force behind Federalism and Conciliation*, Saarbrücken: VDM.

Kornhauser, William (1960) *The politics of mass society*, London: Routledge & Kegan Paul.

Kossmann, Ernst H. (1978) *The Low Countries 1780-1940*, Oxford: Oxford U.P.

Kselman, Thomas (2003) "Introduction: The History and Legacy of European Christian Democracy," Thomas Kselman and Joseph A. Buttigieg eds., *European Christian Democracy, Historical Legacies and Comparative Perspectives*, Notre Dame: Notre Dame U.P., pp.1-10.

Kwanten, Godfried (1987) *Welstand door Vereniging: De ontwikkeling van de Christelijke Arbeiderscoöperaties, 1886-1986*, Leuven: Kadoc.

Kymlicka, Will (1998) "Is federalism a viable alternative to secession?," Percy B. Lehning ed. *Theories of Secession*, London; New York: Routledge, pp.111-150.

Lamberts, Emiel (1997) *Christian Democracy in the European Union, 1945–1995*, Leuven: Leuven University Press.

Lamberts, Emiel (2003) "Christian Democracy and the Constitutional State in Western Europe, 1945–1995," Thomas Kselman and Joseph A. Buttigieg eds., *European Christian Democracy, Historical Legacies and Comparative Perspectives*, Notre Dame: Notre Dame U.P., pp.121–137.

Lamberts, Emiel (2004) "The Zenith of Christian Democracy: The Christelijke Volksparti/ Parti Social Chrétien in Belgium," Gehler, Michael, Wolfram Kaiser eds. *Christian Democracy in Europe Since 1945: Volume 2*, London and New York, Routledge, pp.67–84.

Lambert, Frank (2003) *The Founding Fathers and the Place of Religion in America*, Princeton: Princeton U.P.

Lane, Jan-Erik (2008) *Comparative Politics: The principal-agent perspective*, London: Routeledge.

Laver, Michael, Kenneth Benoit (2006) "Party system change: evidence of changing policy spaces," prepared for the International Political Science Association Meeting, July 12, 2006. Session: "Party System Change", JPSA Session 308, no.21 by Prof. Kato, July 12th.

Leterme, Yves, in gesprek met Filip Rogiers (2006) *Leterme uitgedaagd*, Tielt: Uitgeverij.

Lijphart, Arend (1977) *Democracy in plural societies: A comparative exploration*, New Haven: Yale University Press.

Lubbers, Marcel (2001) *Exclusionist electorates: Extreme right-wing voting in Western Europe*, Amsterdam: Thela Thesis.

Marien, Sofie and Ellen Quintelier (2011) "Trends in party membership in Europe. Investigation into the reason for declining party membership," Emilie Van Haute ed., *Party Membership in Europe*, Bruxelles: Editions de l'Université de Bruxelles.

Mayer, Nonna (2002) *Ces Français qui votent Le Pen*, Paris: Flammarion.

Meireman, Katrien (2001) "De landelijke verenigingen van etnisch-culturele minderheden", Elchardus, Mark, Lucien Huyse and Marc Hooghe eds. *Het Maatschappelijk Middenveld in Vlaanderen*, Brussels: VUB Press.

Misner, Paul (2003) "Christian Democratic Social Policy: Precedents for Third-Way Thinking," Thomas Kselman and Joseph A. Buttigieg eds., *European Christian Democracy, Historical Legacies and Comparative*

Perspectives, Notre Dame: Notre Dame U.P., pp.68-92.

Mudde, Cas (2000) *The Ideology of the Extreme Right*, Manchester: Manchester UP.

Müller, Wolfgang and Strøm, Kaare eds. (1999) *Policy, Office, or Votes?* Cambridge: Cambridge University Press.

Norris, Pippa and Ronald Inglehart (2011) *Sacred and Secular: Religion and Politics Worldwide*, 2nd.Ed., Cambridge: Cambridge U.P.

Obler, James (1974) " Intraparty Democracy and the Selection of Parliamentary Candidates: The Belgian Case," *British Journal of Political Science*, Vol.4, no.2.

O'Leary, Brendan (2001) "An Iron Law of Federations? A (neo-Diceyian) theory of the Necessity of a Federal Staatsvolk, and of Consociational Rescue," The 5th Ernest Gellner Memorial Lecture, *Nations and Nationalism* Vol.7, No.3, pp.273-296.

Pagano, Giuseppe, Julien Vandernoot, Thomas Tyrant (2011) "Vingt ans de solidarité entre les entités fédérées (1989-2009),"*Courrier hebdomadaire de CRISP*, n,2122.

Pauwels, Teun (2011) "Explaining the strange decline of the populist radical right Vlaams Belang in Belgium: The impact of permanent opposition," *Acta politica* Vol. 46, pp.60-82.

Pilet, Jean-Benoit (2007) "Strategies Under the Surface: The Determinants of Redistricting in Belgium," in *Comparative European Politics*, Vol.5, pp.205-225.

Putnam, Robert D. (2000) *Bowling Aloneness. The Collapse and Revival of American Community*, New York: Simon&Schuster.

Quintelier, Ellen et Marc Hooghe (2010) "Associations, appartenance et comportement électoral: la pilarisation est-elle révolue?," Kris Deschouwer, Pascal Delwit, Marc Hooghe, Stefaan Walgrave ed. *Les voix du peuple. Le comportement électoral au scrutin du 10 juin 2009*, Bruxelles: Editions de l'Université de Bruxelles.

Reese, Thomas J. (1996) *Inside The Vatican, The Politics and Organization of the Catholic Church*, London: Harvard U.P.

Riker, William H. (1964) *Federalism: Origin, Operation, Significance*, Boston: Little, Brown and Company.

Riker, William H. (1975) "Federalism," Fred Greenstein and Nelson Polsby eds., *Handbook of Political Science*, Vol. 5, pp.93-172.

Robinson, John (1963) *Honest to God*, London: SCM Press.

Roeder, Philip G. (2010) "Ethnofederalism and the Minmanagemant of Conflicting Nationalisms," Erk, Jan and Lawrence M.Anderson, *The Paradox of Federalism, Does Self-Rule Accommodate or Exacerbate Ethnic Divisions?*, London: Routledge, pp.13-29.

Rogiers, Filip (2006) *Leterme au défi*, Bruxelles: Edition Luc Pire.

Rooduijn, Matthijs and Teun Pauwels (2010) "Measuring Populism in Comparative Research, Two Content Analysis Methods Compared," Paper prepared for *the Politiciologenetmaal*, 27-28 May 2010, Leuven.

Sabel, Charles F. and Jonathan Zeitlin (2005) *Multi-level Governanace*, Oxford: Oxford University Press.

Sägesser, Caroline (2009) *Introduction à la Belgique fédérale*, Bruxelles: CRISP.

Sandri, Giulia and Teun Pauwels (2011) "The role of party members in Belgian and Italian parties: A cross-national analysis," Emilie Van Haute ed. *Party Membership in Europe*, Bruxelles: Editions de l'Université de Bruxelles.

Schmidt, Vivien A. (2006) *Democracy in Europe: The EU and National Polities*, Oxford: Oxford U.P.

Seeleib-Kaiser, Martin, Silke van Dyk, Martin Roggenkamp (2008) *Party Politics and Social Welfare: Comparing Christian and Social Democracy in Austria, Germany and the Netherlands*, Cheltenham: Edward Elgar.

Sel, Marcel (2011) *Les secrets de Bart De Wever*, Bruxelles: Les Éditions de l'Arbre.

Sierens, Sven (2001) *Effecten van het Sociaal-Cultureel Beleid voor Allochtonen*. Ghent: University of Ghent (http://www.cjsm.vlaanderen.be/cultuur/downloads/wso_effecten_scbeleid_voor_allochtonen_eindrapport.pdf)（2013年3月5日）

Sierens, Sven (2003) "Zelforganisaties van minderheden en emancipatie revisited," *Vorming*, Vol.18, nr.2.

Sinardet, Dave and Niels Morsink (2011) "Contamination or Containment? Sub-state nationalism in Belgian political parties' electoral manifestoes (1965-2010)," paper for ECPR Conference Reykjavik 25-27 august 2011 Panel Multi-level party politics.

- Sorens, Jason (2010) "The Partisan Logic of Decentralization in Europe," Erk, Jan and Lawrence M.Anderson, *The Paradox of Federalism, Does Self-Rule Accommodate or Exacerbate Ethnic Divisions?*, London: Routledge, pp.62-79.
- Stepan, Alfred (2011) "The Multiple Secularisms of Modern democratic and Non-Democratic Regimes, "Craig Calhoun, Mark Juergensmeyer, and Jonathan van Antwerpen eds., *Rethinking Secularism*, Oxford: Oxford U.P., pp.114-165.
- Strikwerda, Carl (2003) "Parties, Populists, and Pressure Groups: European Christian Democracy in Comparative Perspective," Thomas Kselman and Joseph A. Buttigieg eds., *European Christian Democracy, Historical Legacies and Comparative Perspectives*, Notre Dame: Notre Dame U.P., pp.267-292..
- Sturm, Roland (2010) "More courageous than expected ? The 2006 reform of German federalism," Jan Erk and Wilfried Swenden eds., *New Directions in Federalism Studies*, London: Routledge, pp.34-49.
- Swenden, Wilfried (2005) "What - if anything - can the European Union learn from Belgian federalism and vice versa?," *Regional & Federal Studies*, 15 (2), pp. 187-204.
- Swenden, Wilfried (2006) *Federalism and Regionalism in Western Europe: a comparative and thematic analysis*, Basingstoke: Palgrave (ウィルフリード・スウェンデン著, 山田徹訳『西ヨーロッパにおける連邦主義と地域主義』公人舎, 2010年).
- Swenden, Wilfried and Maarten Theo Jans (2006) "Will it Stay or will it Go? Federalism and the Sustainability of Belgium", *West European Politics*, vol.29 (5), 2006, pp.877-894.
- Swenden, Wilfried (2012) "Belgian federalism: Means to an end?," Ferran Requejo and Miquel Caminal eds., *Federalism, Plurinationality and Democratic Constisutionalism: Theory and cases*, London; New York: Routledge, pp.137-170.
- Tillich, Paul (1966) *In Memoriam Paul Tillich 1886-1965: Nachrufe Ansprache Paul Tillichs auf der "Convocation Pacem in Terris"*, New York, Februar 1965, Stuttgart: Evangelisches Verlagswerk.
- Van Haute Emilie and Jean-Benoit Pilet (2006) "Regionalist Parties in Belgium, (VU, RW, FDF): Victims of Their Own Succses?," *Regional and*

Federal Studies, Vol.16, no.3.

Van Haute, Emilie (2007) "Les rapports entre droit et politique dans un contexte d'instabilité institutionnelle: Effet de contagion? Le cas de la Belgique fédérale," *Lex Electronica*, vol. 11 n°3, pp.1-18.

Van Haute Emilie, Dandoy Régis, De Decker Nicolas, Delwit Pascal (2007) "Complexes identitaires ou identités complexes en Belgique fédérale," Bayenet Benoît, Capron Henri, Liégeois Philippe eds., *L'espace Wallonie-Bruxelles. Voyage au bout de la Belgique*, Bruxelles: De Boeck, pp.37-54.

Van Haute, Emilie (2009) *Adhérer à un parti, Aux sources de la participation politique*, Bruxelles: Editions de l'Université de Bruxelles.

Van Haute, Emilie (2011a) "Le CD&V (Christen-Democratisch&Vlaams)," Pascal Delwit, Jean-Benoit Pilet, Émilie Van Haute edit., *Les partis politiques en Belgique*, Bruvelles: Editions de l'universite de Bruxelles, pp.35-61.

Van Haute, Emilie (2011b) "Volksunie, Nieuw-Vlaams Alliantie, Spirit, Vlaams-Progressif," Delwit, Pascal, Jean-Benoit Pilet eds., *Les partis politique en Belgique*, Bruxelles: Editions de l'Université de Bruxelles.

Van Haute, Emilie (2011c) "Who voices? Socialisation process and ideological profile of discontented party members," Emilie Van Haute ed., *Party Membership in Europe*, Bruxelles: Editions de l'Université de Bruxelles.

Van Haute, Emilie, Jean-Benoit Pilet and Guulia Sandri (2011) "Still Religious Parties in Belgiun? The Decline of the Denominational Cleavage in Belgian Consociational Democracy," Paper prepared for presentation at the IPSA international Conference, March 18-20, 2010, Luxemburg.

Van Haute,Emilie (2012) "Crowds of passive followers? The Study of Party Membership and Activism in Belgium," Paper for presentation at the MAPP workshop, 16-17 April 2012, Brussels.

Van Haute, Emilie, Jean-Benoit Pilet and Giulia Sandri (2012) "Still religious parties in Belgium ?: The decline of the denominational cleavage in Belgian consociational democracy," Foret, François and Xabier Itçaina, *Politics of Religion in Western Europe: Modernities in Conflict ?*, London: Routledge, pp.144-169.

Van Haute, Emilie, Anissa Amjahad, Arthur Borriello, Caroline Close and Giulia Sandri (2012) "Party members in a pillarised partitocracy. An empirical overview of party membership figures and profiles in Belgium," (http://www.palgrave-journals.com/ap/journal/vaop/ncurrent/full/ap201225a.html)(2013年2月13日)

Van Hecke, Steven, Emmanuel Gerard (2004) "European Christian Democracy in the 1990s. Towards a Framework for Analysis," Van Hecke, Steven, Emmanuel Gerard, *Christian Democratic Parties in Europe since the End of the Cold War*, Leuven: Leuven University Press, pp.9–19.

Van Hecke, Steven (2010) "Do Transnational Party Federations Matter? (… and Why Should We Care?)," *Journal of Contemporary European Research*, 6 (3), pp.395–412.

Van Hecke, Steven (2012) "Christian Democracy in Belgium,"paper for the Journal of Kansai University of Law and Politics.

Van Houten, Pieter (2004) "The Political Stability of Decentralization: The Role of Parties," paper for delivery at the 2004 Annual Meeting of the APSA, September 2-5.

Van Kemseke, Peter (2006) *Towards an Era of Development: The Globalization of Socialism and Christian Democracy, 1945–1965*, Leuven: Leuven University Press.

van Kersbergen, Kees (1995) *Social Capitalism: A Study of Christian Democracy and the Welfare State*, London and New York, Routledge.

van Kersbergen, Kees and Philip Manow (2009) eds., *Religion, Class Coalitions, and Welfare States*, Cambridge: Cambridge U.P.

Van Loock, Lode and Johan de Vriendt (2003) "De migrantenorganisaties in Vlaanderen. Een nieuwe emancipatiebeweging steekt de kop op", *Vorming*, Vol.18, nr.1.

Voyé, Liliane et Karel Doddelaere (2001) "De la religion: ambivalences et distancements," Bawin-Legros Bernadette eds., *Belge Toujours: Fidélité,stabilité,tolerance. Les valuers des belges en l'an 2000*, Bruxelles: De Boek Université.

Walgrave, Stefaan and Michiel Nuytemans (2009) "Friction and Party Manifesto Change in 25 Countries, 1945–98," *American Journal of Political Science*, Vol.53, Issue 1, pp.190–206.

Walgrave, Stefaan and Rens Vliegenthart (2010) "Why are policy agendas punctuated ? Friction and Cascade in Parliament and mass media in Belgium," *Journal of European Public Policy*, Vol.17, No.8, pp.1147–1170.

Walgrave, Stefaan, Anne Hardy, Brandon Zicha and Jeroen Joly (2010) "Does devolution lead to diverging issue agendas (or vice versa) ? The case of Belgium," Working Paper of Research Project "Agenda-Setting Ⅱ ", Media, Movement and Politics Research Group de Universiteit Antwerpen.

Walgrave, Stefaan, Jonas Lefevere et Marc Hooghe (2010) "Volatiles ou capricieux? La modification des préférences électrales au cours de la campagne," Kris Deschouwer, Pascal Delwit, Marc Hooghe, Stefaan Walgrave ed., *Les voix du peuple. Le comportement électoral au scrutin du 10 juin 2009*, Bruxelles: Editions de l'Université de Bruxelles.

Warmenbol, Lien (2009) "The Embedding of Radical Right Parties in Local Networks: An Ethnographic Study at the Neighbourhood level in Antwerp (Flanders)," paper for Comtemporary Centrifugal Regionalism: Comparing Flanders and Northern Italy, 19-20 June 2009, edted by Michel Huysseune, Koninklijke Vlaamse Academie van Belgie voor Wetenscappen en Kunsten.

Warner, Carolyn M. (2003) "Strategies of an Interest Group: The Catholic Chruch and Christian Democracy in Post war Europe," Thomas Kselman and Joseph A. Buttigieg eds., *European Christian Democracy, Historical Legacies and Comparative Perspectives*, Notre Dame: Notre Dame U.P., pp.138-163.

Wauters, Bram (2012) "Democratization versus representation? Women party leaders and party primaries in Belgium," Paper presented at the ECPR Joint Sessions, Antwerp 2012 Workshop 19.

Wheare, Kenneth C. (1946) *Federal Government*, Oxford: Oxford University Press.

Wientzek, Olaf (2012) "People's Parties in Crisis - Christian Democrats in Belgium and the Netherlands," Konrad-Adenauer-Stiftung e.V. KAS International Reports, Berlin, Dec. 12, 2012.

Wintle, Michael (2000) "Pillarizaiton, Consociation and vertical Pluralism in the Netherlands Revised: A European View," *West European Politics*, Vol.23, no. 3.

Wogaman, Philip J. (2000) *Christian Perspectives on Politics, revised and expanded*, Louisville: Westminster John Knox Press.

Zolberg, Aristide R. (1977) "Splitting the difference: Federalization without federalism in Belgium," Milton J. Esman ed., *Ethnic conflict in the west-*

ern world, Ithaca, Cornell University Press, pp.103-142.

アリギ, G, I・ウォーラーステイン, T・K・ホプキンス (1998)『反システム運動』太田仁樹訳, 大村書店

岩崎正洋 (2002)『議会制民主主義の行方』一藝社

ヴァンオーヴェルベーク, デミトリ (2002)「ベルギー国憲法の運用と実態の発展――君主制度に於ける法と慣習」『憲法論叢』8号, 27-54頁

遠藤乾 (2013)『統合の終焉』岩波書店

カエサル (1942)『ガリア戦記』近山金次訳, 岩波文庫

梶田孝道 (1993)『統合と分裂のヨーロッパ―― EC・国家・民族』岩波新書

菅英輝 (2001)「冷戦の終焉と60年代性――国際政治史の文脈において」『国際政治』126号, 1-22頁

北川将之 (2000)「『連邦制』研究の展開―― K. C. フェア, W. H. ライカー, M. バージェス」『国際学論集』上智大学, 21-49頁

小島健 (2007)『欧州建設とベルギー――統合の社会経済史的研究』日本経済評論社

サルトーリ, ジョヴァンニ (2000)『現代政党学――政党システム論の分析枠組み』岡沢憲芙・川野秀之訳, 早稲田大学出版部, 普及版

正躰朝香 (2009)「ベルギー政治の不安定と連邦制」『京都産業大学論集 (社会科学系列)』26号, 171-186頁

正躰朝香 (2013)「ベルギー連邦制の不安定化――「非領域性原理」の後退と求心力の欠如」岩本和子・石部尚登編『「ベルギー」とは何か？――アイデンティティの多層性』松籟社, 19-39頁

高橋良一 (2005)「平和への希望」現代キリスト教思想研究会『ティリッヒ研究』第9号, 33-42頁

田口晃 (2008)「キリスト教民主主義の歴史的位相」田口晃・土倉莞爾編『キリスト教民主主義と西ヨーロッパ政治』木鐸社, 9-17頁

武居一正 (2002)「ベルギーにおける言語的少数者保護」『福岡大学法学論叢』47巻1号, 39-65頁

武居一正 (2006)「BHV選挙区分割の憲法的問題点」立命館大学政策科学会編『政策科学』13巻3号

武居一正 (2012)「ベルギーの政変 crise politique (2010年-2011年) について――その憲法的問題点を中心に」『福岡大学法学論叢』56巻4号, 363-413頁

津田由美子 (2008)「ベルギー連邦制の展開と課題――補完性原理 (サブシデ

ィアリティ)と社会統合(ソリダリティ)」若松隆・山田徹編著『ヨーロッパ分権改革の新潮流——地域主義と補完性原理』中央大学出版部, 93-118頁

津田由美子 (2011)「ベルギー」津田由美子・吉武信彦編著『北欧・南欧・ベネルクス』(世界政治叢書3), ミネルヴァ書房, 143-165頁

土倉莞爾 (2008)「ベルギーのキリスト教民主主義——戦中から戦後への変容」田口晃・土倉莞爾編『キリスト教民主主義と西ヨーロッパ政治』木鐸社, 183-207頁

フェルメルス, ヤン (2009)「ベルギーにおける政党改革」松尾秀哉訳, ルネ・クーペルス・ヨハネス・カンデル編, 田中浩・柴田寿子監訳『EU時代の到来——ヨーロッパ・福祉社会・社会民主主義』未來社

松尾秀哉 (2000)「キリスト教民主主義政党の『調停の政治』メカニズム——ベルギーにおける初期福祉国家改革期のカトリック党の党内政治過程」『国際関係論研究』15号

松尾秀哉 (2007)「ベルギーRTBF架空報道騒動と経済格差」聖学院大学総合研究所『聖学院大学総合研究所ニューズ・レター』Vol.17-1, 9-11頁

松尾秀哉 (2009)「君主の政治的機能とベルギーの分裂危機——君主支配と市民の抵抗の相克」明石書店『現代の理論』21号, 191-200頁

松尾秀哉 (2010a)「ベルギー国家分裂危機——連邦化以降の政治主体の行動変化」高橋直樹・岡部恭宜編『構造と主体——比較政治学からの考察』東京大学社会科学研究所, SSIRシリーズ, Vol.35, 5-26頁

松尾秀哉 (2010b)『ベルギー分裂危機——その政治的起源』明石書店

松尾秀哉 (2010c)「福祉国家と国民統合——社会保障制度による所得移転は国家の解体を進めるか」聖学院大学総合研究所編『聖学院大学総合研究所紀要』46号, 134-152頁

松尾秀哉 (2010d)「ベルギー分裂危機とブリュッセル周辺域の民族問題——『国家政治の縮図』から『都市政治の復権』へ」日本比較政治学会編『都市と政治的イノベーション 日本比較政治学会年報』12号, 111-131頁

松尾秀哉 (2011)「ベルギー分裂危機と合意型民主主義」田村哲樹・堀江孝司『模索する政治——代表制民主主義と福祉国家のゆくえ』ナカニシヤ出版, 186-205頁

松尾秀哉 (2013a)「分断社会における「和解」の制度構築——レイプハルトの権力分有モデルを中心に」臼井陽一郎・松尾秀哉編『紛争と和解の政治学』ナカニシヤ出版

松尾秀哉 (2013b)「冷戦とベルギー・キリスト教民主主義政党——分裂危機

を念頭に」『聖学院大学総合研究所紀要』54 号

松尾秀哉（2013c）「ベルギー分裂危機と連邦化」『聖学院大学総合研究所紀要』55 号

松尾秀哉（2014）『物語 ベルギーの歴史』中公新書

松尾秀哉（2015）「初代 EU〈大統領〉の合意型リーダーシップ——大海に飛び出した井の中の蛙」臼井陽一郎編『EU の規範政治——グローバルヨーロッパの理想と現実』ナカニシヤ出版，99-115 頁

水島治郎（1993）「ヨーロッパ政治の基層——『二つの民主主義』の視点から」見田宗介・樺山紘一編『ヨーロッパのアイデンティティ』ライブラリー相関社会科学 I，新世社，77-94 頁

水島治郎（2001）『戦後オランダの政治構造——ネオ・コーポラティズムと所得政策』東京大学出版会

水島治郎（2008）「キリスト教民主主義とは何か——西欧キリスト教民主主義概論」田口晃・土倉莞爾編『キリスト教民主主義と西ヨーロッパ政治』木鐸社，19-44 頁

溝口修平（2012）「ロシアの非対称な連邦制——その制度的起源」ロシア・東欧学会『ロシア・東欧学会年報』第 41 号別冊

湯浅誠（2008）『反貧困——「すべり台社会」からの脱出』岩波新書

吉田徹（2008）「フランスと欧州統合過程——『政策の失敗』による統合の推進？」聖学院大学総合研究所編『聖学院総合研究所紀要』第 41 号

レイプハルト，アレンド（2005）『民主主義対民主主義——多数決型とコンセンサス型の 36 ヶ国比較研究』粕谷祐子訳，勁草書房

レームブルッフ，ゲルハルト（2004）『ヨーロッパ比較政治発展論』平島健司編訳，東京大学出版会

若林広（2007）「ベルギー国家の再編——政党政治の変容期における最近の展開」『東海大学教養学部紀要』第 38 号，229-243 頁

新聞

De Standaard, De Morgen, Knack, Le Soir, Nack, Belga, Flanders Today, Focus on Flanders, Gazat van Antwerpen

HP

政党 HP

フランデレン・カトリック党　www.cdenv.be/
（http://www.cdenv.be/onze-partij/geschiedenis-0）（党による歴史解説）（2012

年 8 月 10 日）
(http://www.cdenv.be/sites/default/files/pages/documents/cdenv-verkie zingsprogramma-2009.pdf)（2009 年綱領）（2012 年 8 月 10 日）
(http://www.cdenv.be/sites/default/files/pages/documents/2010_federaal_ verkiezingsprogramma_ フランデレン・カトリック党 _goedgekeurd_ congres22052010_0.pdf)（2010 年綱領）（2012 年 8 月 10 日）
(http://www.cdenv.be/wie-zijn-we/ideologie)（イデオロギー）（2012 年 8 月 10 日）
(http://www.cdenv.be/actua/toespraak-wouter-beke-10-jaar- フランデレン・カトリック党)（ベーケによるフランデレン・カトリック党 10 周年記念講演）（2012 年 2 月 16 日）

デインゼ支部
http://deinze.cdenv.be/（2012 年 8 月 10 日）
コルトレイク支部
http://www.kortrijk.cdenv.be/（2012 年 8 月 10 日）
N-VA
http://international.n-va.be/（2012 年 2 月 16 日）
VOKA HP http://www.voka.be/ （2013 年 2 月 25 日）
ACW HP http://www.acw.be/（2013 年 2 月 28 日）
ACW のマニフェストについては,
http://www.acw.be/images/downloads/documenten/jaarversiag_acw.pdf （2013 年 3 月 7 日）

ベルギー連邦政府 HP
http://www.belgium.be/（2012 年 6 月 30 日）
フランデレン国営放送（VRT）ニュース
http://www.deredactie.be/cm/vrtnieuws.english（2012 年 2 月 16 日）
フランス語国営放送（RTBF）ニュース
http://www.rtbf.be/info/
flanders.News.be HP（フランデレンのネット専用報道ホームページ）http://www.deredactie.be/cm/vrtnieuws.english/news/1.604684（2013 年 2 月 27 日）

国連総会記録
Discours du S.E.M. Louis Michel

(http://www.un.org/webcast/ga/57/statements/020915belgiumF.htm)
（2012年8月10日）

ベルギー憲法

http://members.aol.com/Naoto1000/Loilinguistique/archives/Constitution Belge_jp.html（2007年3月17日）

ヴェルホフスタット政府宣言

http://www.kbs-frb.be/files/db/FR/Verhofstadt%20Guy%20F.pdf（2007年3月19日）

http://premier.fgov.be/fr/premier/speeches/2005/7781.html（2007年3月19日）

http://premier.fgov.be/fr/premier/speeches/2004/4201.html（2007年3月19日）

amCham Belgium HP　www.amcham.be/（2008年11月17日）

11 julitoespraak
  (http://www.n-va.be/toespraken/11-julitoespraak-bart-de-wever. 2012年3月5日）

Toespraak Senaat 12 december 2011
  (http://www.n-va.be/toespraken/toespraak-bart-de-wever-de-senaat. 2012年3月5日）

Formateur Di Rupo's noto: the N-VA's Assessment.
  (http://international.n-va.be/files/nva_int/nva_images/EN-110706-Communicatie-N-VA-op-nota-EDR.pdf.（2012年2月14日）
  （いずれも，2011年7月に提示したディ・ルポ案に対するN-VAの評価）

Beke, Wouter 2011 Toespraak Wouter Beke 10 jaar CD&V.
  (http://www.cdenv.be/actua/toespraak-wouter-beke-10-jaar- フランデレン・カトリック党）（ベーケによるフランデレン・カトリック党10周年記念講演。2012年2月16日）

Demotte 2010 "Les Fêtes de Wallonie: Le discours du Ministre-Président."
http://demotte.wallonie.be/les-fetes-de-wallonie-le-discours-du-ministre-president
（ワロン首相の公式HP。連邦制改革に対する反対表明　2012年2月17日）

インタビュー

Prof. Dr. Dimitri Vanoverbeke　2012年8月23日10時より。ルーヴェン・カ

トリック大学文学部（Inkomststraat）の彼のオフィスにて。
Prof. Dr. Steven Van Hecke　2012年8月24日11時より。ルーヴェン・カトリック大学（夏季集中講義中）　政治学部（Parkstraat45）の彼のオフィスにて。

両者とも本書でインタビュー内容を掲載することは快諾いただいている。感謝する。

人名索引

【ア行】

アルベール2世　　117, 122, 135, 138, 141
ヴァン・デル・エルスト　　51
ヴァンアッケル　　106
ヴァンオーヴェルベーク　　39
ヴァンデ・ラノッテ　　133, 138
ヴァンデルヴェルデ　　20
ヴァンヘッケ，ヨハン　　95, 96
ヴァンヘッケ，スティーヴン　　96, 107, 130, 132
ヴェー　　163
ヴェルホフスタット　　33, 34, 36, 49, 91-94, 118, 123, 127, 163
エイスケンス　　23, 51

【カ行・サ行】

キムリッカ　　61, 62
スウェンデン　　60, 73, 74

【タ行】

デ・ウェヴェール　　36, 54, 108, 119, 124, 133, 135-138, 143, 144, 160, 162, 163, 170-172
デ・クレルク　　103, 105, 107
ディ・ルポ　　36, 108, 133-138, 140, 141, 143, 162, 167
テイサン　　172
ティンデマンス，レオ　　47
デウィンテル　　52, 53
デスハウアー　　25, 50, 51, 69, 74, 126
デハーネ　　94, 103, 104, 106, 117, 118, 134, 168
デモッタ　　138
ド・マン　　48

【ハ行】

ピエテルス　　133
ファンデンボイナンツ　　23
ファンロンパイ　　7, 94, 95, 97, 118, 120, 121, 124, 127
フィリップ1世　　170, 173
フラーエ　　133, 137
フレール＝オルバン　　20
ベーケ　　103, 126, 134, 140, 141, 145-147
ペータース　　126, 140, 147, 171
ペラン　　46
ホーハ，マーク　　70, 81, 165
ホーハ，リーズベット　　67
ホロヴィッツ　　62

【マ行・ヤ行】

マリタン　　44
マルテンス，ウィルフリード　　47
ミシェル　　171, 172
ミルケ　　119, 124
ユンケル　　171

【ラ行】

ライカー　　15, 17, 59, 64, 65
ルテルム　　35, 103, 105, 107-109, 116, 118-123, 127, 134, 146

ルナール　46, 48
レイプハルト　59, 60, 62
レオポルド1世　38

レオポルド3世　22, 39
レンデルス　117, 118, 133, 139

事項索引

*政党名については、巻頭の「主要政党名等略記一覧」も参照のこと。

【A～Z】

ACW →キリスト教労働総組合
BHV問題　31-34, 121, 131, 134, 136, 141, 142, 151, 167
CDH →人道的民主センター（ワロン・カトリック党）
CDV →キリスト教民主フランデレン党（フランデレン・カトリック党）
CVP →キリスト教人民党（フランデレン・カトリック党）
CVP/PSC →キリスト教人民党／キリスト教社会党
DHL　2, 88, 154, 167
EU →欧州連合
kamikaze連合　172
LDD →デデッケルのリスト
MR →改革運動（ワロン自由党）
N-VA →新フランデレン同盟
OpenVLD →開かれたフランデレン自由民主党（フランデレン自由党）
PS →ワロン社会党
PSC →キリスト教社会党（ワロン・カトリック党）
PVDA →ベルギー労働者党
SP →フランデレン社会党
SP.a →もうひとつの社会党（フランデレン社会党）
Spirit　43, 108
VB →フラームス・ブロックないしフラームス・ベランク
VOKA →フランデレン自営業者ネットワーク
VU →人民同盟

【ア行】

アウグスタ・スキャンダル　49
アラーム・ベル　17, 67
アントウェルペン　2, 3, 53, 54, 159, 160, 164
イスラム移民　3, 53, 165, 166
エフモント協定　51
欧州危機　6-8, 134, 141, 161, 168-171
欧州統合　85, 86, 102
欧州連合（EU）　2, 7, 8, 65, 86, 122, 138, 145, 164, 169, 172

【カ行】

改革運動（ワロン自由党）（MR）　42, 116, 136, 139-141, 143, 170, 171
学校紛争　19, 44, 45, 90
カトリック政党　22, 24, 41-48, 93-100
カトリック党（Parti Catholique）　20, 21, 41-48, 90　→「カトリック政党」の項も参照
キリスト教社会党（ワロン・カトリック党）（PSC）　41-48, 51, 102　→「カトリック政党」の項も参照
キリスト教人民党（フランデレン・カトリック党）（CVP）　26, 35, 41-48, 51, 92, 93-100, 155, 160　→「カトリック政党」の項も参照
キリスト教人民党／キリスト教社会党（CVP/PSC）　23, 41-48, 91, 160　→「カトリック政党」の項も参照
キリスト教民主フランデレン党（フラン

デレン・カトリック党）（ＣＤＶ）　35, 41-48, 54, 68, 93-111, 115-127, 131-149, 155, 158-166, 168, 170, 171 →「カトリック政党」の項も参照
キリスト教労働総組合（ACW）　87, 95, 96, 106, 107, 161, 164
ゲリマンダリング　151
言語問題　4-6, 18, 21, 22, 37, 41, 47, 48, 59, 91, 93, 119, 120
合意型デモクラシー（多極共存型民主主義）（多極合意型民主主義）　5, 60, 67, 95, 142, 163, 172
国王問題　22, 38
国家連合・ベルギー　168
5％の阻止条項　108, 109

【サ行】

サベナ航空倒産　88, 110, 154
社会党　22
自由党　20, 22, 23, 42, 49-50, 90-93
情報提供者　39
白の行進　90
人格主義　44, 109
人道的民主センター（ワロン・カトリック党）（CDH）　41-48, 119, 124, 134, 135, 140, 141, 170　→「カトリック政党」の項も参照
新フランデレン同盟（Nieuw-Vlaamse Alliantie）（N-VA）　35, 36, 43, 50, 54, 68-72, 107-110, 115-127, 131-150, 156, 159-163, 167, 168, 170
人民同盟（Volksunie）（VU）　43, 50-52, 108
世俗化　45
組閣担当者　38, 39

【タ行】

ダイオキシン問題　33, 102

対立と追従のロジック　76-81
多層的ガバナンス　65
デクシア銀行の国有化　170
デデッケルのリスト（LDD）　68
ドゥトルー事件　88, 100, 110, 154

【ハ行・マ行】

柱　43, 44, 161, 163, 164, 167
バタフライ合意　142, 167
開かれたフランデレン自由民主党（フランデレン自由党）（OpenVLD）　26, 33, 35, 42, 52, 68, 90-94, 97, 102, 106, 108, 123, 125, 137, 139-141, 143, 154, 169-171
フラームス・ブロック（VB）　43, 50, 52, 87, 91, 101, 154, 163, 164
フラームス・ベラング（VB）　29, 43, 53, 68, 102, 108, 121, 160, 163
フランデレン運動　4, 21, 22
フランデレン自営業者ネットワーク（Vlaams netwerk van ondernemingen）（VOKA）　161
フランデレン社会党（SP）　42, 51, 92, 102, 116, 138
フランデレンとワロンの経済格差　27-30
ブリュッセル（地域）　15, 16, 25, 31, 32, 88, 93, 122, 136, 138, 154, 167
ブリュッセル（都市）　2, 3, 21, 138
ベルギー社会党（Belgische Socialistische Partij / Parti Socialiste Belge）　23, 42
「ベルギー分裂」報道　29
ベルギー労働者党（PVDA）　160
ベルギー労働党　20, 42
もうひとつの社会党（フランデレン社会党）（SP.a）　42, 140, 141, 147

【ラ行・ワ行】

ルーヴェン大学紛争　23
ルノー・ヴィルヴォルデ工場閉鎖
　　88, 100, 110
冷戦の終結　85-87
連邦制
　　——（逆説）　61-67, 126, 148, 149, 156
　　——（効果）　59, 60, 61, 65, 125-127, 148-151, 156-158
　　——（定義）　15, 64, 73
　　ベルギーの——　4, 6, 15-25, 90
ワロン社会党（PS）　24, 36, 41, 42, 48, 49, 51, 97, 102, 108, 122, 123, 132-143

著者紹介

松尾 秀哉（まつお・ひでや）

1965年愛知県生まれ。一橋大学社会学部卒業後、東邦ガス株式会社、株式会社東海メディカルプロダクツ勤務等を経て、東京大学大学院総合文化研究科博士課程修了。博士（学術）。聖学院大学政治経済学部准教授等を経て2014年4月より北海学園大学法学部教授。

主著に、『ベルギー分裂危機――その政治的起源』（明石書店、2010年）、『物語　ベルギーの歴史』（中公新書、2014年）、『紛争と和解の政治学』（共編、ナカニシヤ出版、2013年）、『模索する政治――代表制民主主義と福祉国家のゆくえ』（共著、ナカニシヤ出版、2011年）など。

連邦国家　ベルギー
繰り返される分裂危機

2015年5月20日　初版第1刷発行

著　者		松尾秀哉
発行者		吉田真也
発行所		合同会社 吉田書店

102-0072　東京都千代田区飯田橋2-9-6 東西館ビル本館32
TEL：03-6272-9172　FAX：03-6272-9173
http://www.yoshidapublishing.com/

装丁　折原カズヒロ　　　　　　印刷・製本　シナノ書籍印刷
DTP　閏月社
定価はカバーに表示してあります。
©MATSUO Hideya 2015
ISBN978-4-905497-33-2

―― 吉田書店刊 ――

21世紀デモクラシーの課題――意思決定構造の比較分析

佐々木毅　編

日米欧の統治システムを学界の第一人者が多角的に分析。
執筆＝成田憲彦・藤嶋亮・飯尾潤・池本大輔・安井宏樹・後房雄・野中尚人・廣瀬淳子　　　　　　　　　　　　　　　　　　四六判上製，421頁，3700円

選挙と民主主義

岩崎正洋（日本大学）編著

気鋭の研究者が選挙をめぐる諸問題に多角的にアプローチ。執筆＝石上泰州、三竹直哉、柳瀬昇、飯田健、岩崎正洋、河村和徳、前嶋和弘、松田憲忠、西川賢、渡辺博明、荒井祐介、松本充豊、浜中新吾　　　　　A5判並製，296頁，2800円

現代ドイツ政党政治の変容――社会民主党、緑の党、左翼党の挑戦

小野一（工学院大学）著

現代政治において、アイデンティティを問われる事態に直面している"左翼"。左翼の再構築、グローバル経済へのオルタナティヴは可能かを展望。ドイツ緑の党の変遷、3.11以後の動きも紹介！　　　　　　四六判並製，216頁，1900円

フランス緑の党とニュー・ポリティクス――近代社会を超えて緑の社会へ

畑山敏夫（佐賀大学）著

政治的エコロジーとは何か。ニュー・ポリティクスとは何か。「フランス緑の党」の起源から発展過程を、つぶさに観察。ヨーロッパ各国のエコロジー政党にも随所で言及。　　　　　　　　　　　　　　　　　　　A5判並製，240頁，2400円

日本政治史の新地平

坂本一登・五百旗頭薫　編著

気鋭の政治史家による16論文所収。明治から現代までを多様なテーマと視角で分析。執筆＝坂本一登・五百旗頭薫・塩出浩之・西川誠・浅沼かおり・千葉功・清水唯一朗・村井良太・武田知己・村井哲也・黒澤良・河野康子・松本洋幸・中静未知・土田宏成・佐道明広　　　　　　　　　　　　　A5判上製，640頁，6000円

沖縄現代政治史――「自立」をめぐる攻防

佐道明広（中京大学）著

沖縄対本土の関係を問い直す――。「負担の不公平」と「問題の先送り」の構造を歴史的視点から検証する意欲作。　　　　　　　A5判上製，228頁，2400円

定価は表示価格に消費税が加算されます。
2015年5月現在